SAMMLUNG GÖSCHEN BAND 148

FINANZWISSENSCHAFT

von

DR. HEINZ KOLMS
Professor an der Technischen Universität Berlin

I

GRUNDLEGUNG, ÖFFENTLICHE AUSGABEN

WALTER DE GRUYTER & CO.
vormals G. J. Göschen'sche Verlagshandlung · J. Guttentag, Verlagsbuchhandlung · Georg Reimer · Karl J. Trübner · Veit & Comp.
BERLIN 1959

Die Gesamtdarstellung umfaßt folgende Bände:

Band I: Grundlegung. Öffentliche Ausgaben (Band 148)

Band II: Erwerbseinkünfte. Gebühren und Beiträge. Allgemeine Steuerlehre (Band 391)

Band III: Besondere Steuerlehre (Band 776)

Band IV: Öffentlicher Kredit. Haushaltswesen. Finanzausgleich (Band 782)

Satz und Druck: Paul Funk, Berlin W 35. — Printed in Germany.

Inhaltsverzeichnis

Kapitel I. Grundlegung

§ 1. Das Objekt der Finanzwissenschaft

1. Die öffentliche Finanzwirtschaft

Das Objekt der Finanzwissenschaft ist die öffentliche Finanzwirtschaft von Gebietskörperschaften und anderen öffentlichen bzw. halböffentlichen Körperschaften verschiedener Ordnung. Dazu gehören sowohl der Staat als Ganzes als auch seine Glieder (Länder, Kantone, Gemeinden und Gemeindeverbände), die als Selbstverwaltungskörper eine eigene Finanzwirtschaft haben. Darüber hinaus sind aber auch die Finanzwirtschaften internationaler bzw. übernationaler Gebilde anzumerken, die zwar nicht das Ganze der Staatstätigkeit umfassen, aber für ihre Arbeit auf Teilgebieten wie Kohle und Stahl, Verteidigung usw. die Merkmale öffentlicher Finanzwirtschaft tragen. Ebenso gehören Kirchen, Zwangsversicherungen, öffentlich-rechtliche Kammern und ähnliche hilfsfiskalische Gebilde (intermediäre Finanzgewalten) zum Objekt der Finanzwissenschaft.

2. Öffentliche Finanzwirtschaft und private Wirtschaft

Zunächst ist der Begriff Finanzwirtschaft zu klären. Dabei ist die Bezeichnung als „Finanz"wirtschaft rein historisch zu verstehen, insofern die öffentliche Finanzwirtschaft heute nicht mehr nur Zahlungen umfaßt, sondern weit darüber hinausgehendes Wirtschaftshandeln.

Soweit man von Finanz„wirschaft" spricht, ist eine Abgrenzung gegenüber der privaten Wirtschaft erforderlich, in der Frage nach dem Gemeinsamen und den Unterscheidungsmerkmalen.

Beide sind insofern Wirtschaften, als sie planmäßig Ziele mit Hilfe von knappen Mitteln zu erreichen versuchen, und dabei auf eine günstige Relation zwischen Mitteleinsatz und Zielerreichung achten.

Wirtschaftliche Entscheidungen sind in die Zukunft gerichtet. erfordern daher Vorausplanung. In diesem Sinne ist die öffentliche Finanzwirtschaft *Planungs*wirtschaft, was seinen Ausdruck im Haushaltsplan findet, der für eine zeitlich begrenzte Periode die von der Leitung der Finanzwirtschaft getroffenen Entscheidungen aufnimmt. Auch im Sektor der privaten Wirtschaft werden Wirtschaftspläne aufgestellt, mit wachsender Rationalität vor allem von den Betrieben, aber selbst (wenn auch weniger konsequent) von den Haushaltungen. Während die öffentliche Finanzwirtschaft nach einem im voraus bewußt — d. h. je nach Staatsaufbau durch einheitliche Willensbildung oder Abstimmung der Mächtegruppen, vgl. Föderalstaat — einheitlich gestalteten Gesamtplan wirtschaftet, fügen sich die an Marktdaten orientierenden Einzelpläne der privaten Wirtschaften erst im Ablauf des Wirtschaftens zum Gesamtgeschehen zusammen. in ständiger Anpassung an die sich möglicherweise ändernden Marktdaten.

Während die Pläne privater Wirtschaftseinheiten auf individuelle *Ziele* gerichtet sind — Nutzen bei Haushaltungen, Erträge bei den Betrieben — verfolgt die öffentliche Finanzwirtschaft Ziele im Interesse der Gesamtheit. Diese Ziele sind, entsprechend der vornehmlichen Aufgabe der öffentlichen Hand, politisch bestimmt. Von wem und unter welchen Bedingungen politisches Wollen in diesen Zielen zum Ausdruck gebracht wird, ist geschichtlichem Wandel unterworfen, ist abhängig von der vorherrschenden politischen Gesamtkonzeption bzw. den Interessen oder Interessenkompromissen der den Staat tragenden politischen Gewalten.

Den privaten Wirtschaftseinheiten stehen zur Erreichung ihrer Ziele eigene *Mittel* der Eigentümer (Vermögen und Einkommen) oder Fremdmittel zur Verfügung. Das Risiko der Verwendung liegt in beiden Fällen bei den die Mittel gebrauchenden Wirtschaftssubjekten. Sie haften für eventuelle Verluste an Fremdmitteln. Neue Mittel sind nur durch entsprechende eigene Gegenleistungen (jetzt oder in der Zukunft) zu erhalten. Auch in den öffentlichen Finanzwirtschaften ist die Verwendung von Eigenmitteln denkbar, z. B. bei der Nutzung des Domänenvermögens. Die spezifisch bedeutsame Art der Mittelbeschaffung für die öffentliche Finanzwirtschaft ist jedoch die Zwangseinnahme, ein Rückgriff auf Mittel der privaten Einzelwirtschaften ohne eigene spezifische Gegenleistung kraft Hoheitsgewalt.

Sowohl für die Privatwirtschaften wie für die öffentliche Finanzwirtschaft bedeutet *wirtschaftlich rationales Handeln*, das Verhältnis zwischen Zielen und Mitteln optimal zu gestalten. Das kann erreicht werden, indem zunächst solche Mittel gewählt werden, die für den gewollten Zweck technisch geeignet sind. Weiterhin ist ökonomisch gefordert, daß ein Minimum an Mittelaufwand für ein gegebenes Ziel oder bei gegebenen Mitteln ein Maximum an Zweckerreichung angestrebt wird. Wenn Ziele und Mittel in gewissen Grenzen als manipulierbar angenommen werden können und eindeutig bewertbar sind, so mag es eine Kombination von Zwecken und Mitteln geben, bei der die Differenz zwischen Nutzen (Zweckerfüllung) und Kosten (Mitteleinsatz) ein Maximum wird. Diese Kombination wird als ökonomisches Optimum bezeichnet.

Die Bewertung von Nutzen und Kosten der zur Prüfung der Wirtschaftlichkeit zu vergleichenden Größen mag dabei durchaus unterschiedlich sein. Bei den Privaten ist sie das Ergebnis subjektiver Wertschätzung, bei der öffentlichen Hand dagegen Folge politischer Entscheidung. Diese kann zur gleichartigen Bewertung von Nutzen und Kosten wie bei den privaten Erwerbswirtschaften führen, z. B. für das Erwerbsvermögen der öffentlichen Hand, d. h. Wirtschaftlichkeit an der Höhe des Reinertrages messen, an der Rentabilität. Die politische Entscheidung mag aber auch als Ziel die Bedarfsdeckung herausstellen; dann ist bereits bei der Deckung der Kosten durch den Ertrag Wirtschaftlichkeit gegeben. Schließlich kann politisch die Erfüllung einer Aufgabe so hoch bewertet werden, daß der Verkauf von Gütern unter Kosten oder selbst die Hingabe von Leistungen ohne Gegenleistung der Begünstigten als optimales Wirtschaften anzusehen ist. Der öffentlichen Finanzwirtschaft ist solches Handeln möglich, da sie stets auf die Wirtschaftskraft ihrer Glieder zurückgreifen kann. Die politische Bewertung ist nicht ohne weiteres die Summe von Einzelbewertungen im privatwirtschaftlichen Sinne, schon deshalb nicht, weil die Vorstellungen und Erwartungen der einzelnen vom Staatshandeln spezifisch andere sind als die hinsichtlich ihres privaten Tuns. Grad und Weite des Unterschieds hängen aber nicht nur von dieser vielleicht als Trennung in öffentliche und private Aufgaben zu bezeichnenden Qualifizierung der Ziele ab, sondern auch von der Art und dem Ausmaß, in dem der einzelne als Träger politischer Entscheidung das Staatshandeln selbst zu beeinflussen vermag. Sind die einzelnen nicht gleichzeitig Träger politischer Entscheidung, so mag die Bewertung von vornherein auseinanderfallen.

3. Die Lehre von der öffentlichen Finanzwirtschaft — Finanzwissenschaft

Wie das oben bezeichnete Realobjekt „öffentliche Finanzwirtschaft“ wissenschaftlich behandelt werden kann oder soll, ist zeitweilig Streitfrage gewesen, auf die nur in Kürze einzugehen ist. Auf eine gesonderte, ausführliche Darstellung der Geschichte der Finanzwissenschaft wird verzichtet, dafür jeweils in den einzelnen Kapiteln auch auf die frühere Behandlung gleicher Fragestellungen verwiesen.

Es ist der Versuch gemacht worden, die öffentliche Finanzwirtschaft isoliert zu betrachten, d. h. also, die Finanzwissenschaft als autonome Wissenschaft zu behandeln. Es ist jedoch zu bedenken, daß die öffentliche Finanzwirtschaft untrennbar mit dem volkswirtschaftlichen Gesamtgeschehen verbunden ist. Sie beeinflußt, ob sie erwerbswirtschaftlich oder nach anderen Zielsetzungen handelt, die privaten Wirtschaftseinheiten, sei es als Anbieter, Nachfrager oder durch Steuererhebung; andererseits wird die öffentliche Finanzwirtschaft vom Wirtschaften der Privaten berührt, so z. B. dadurch, daß die Summe der Steuereinnahmen — bei gegebenen Steuersätzen — weithin vom Ergebnis des privaten Wirtschaftshandelns abhängig ist. Die praktische Finanzpolitik läßt diese Zusammenhänge gelten. Sie isoliert sich nicht, sondern baut die Reaktion der Privaten auf Wirtschaftshandlungen der öffentlichen Hand in die finanzpolitischen Kalkulationen ein, z. T. derart, daß ihr Handeln speziell darauf gerichtet ist, bestimmte Reaktionen auszulösen (Fiskalpolitik).

Diese Verflechtung der öffentlichen Finanzwirtschaft mit den privaten Wirtschaften ist auch in der wissenschaftlichen Behandlung zu berücksichtigen. Deshalb gilt es, die Finanzwissenschaft in eine enge Verknüpfung mit der allgemeinen Wirtschaftstheorie zu bringen. So sind bereits die Klassiker der Nationalökonomie verfahren und die neuere wissenschaftliche Behandlung finanzwirtschaftlicher Fragen geht denselben Weg.

Bei allem ist bewußt zu halten, daß ohne Kenntnis der Institutionen sinnvolle Aussagen nicht möglich sind. Die finanzrechtliche Problematik, die tief in die Sphäre des Staatsrechts eindringt, ist zu beachten. Gleiches gilt von der soziologischen Fragestellung, die zum Verständnis der Entscheidungsfindungen nicht nur der Privaten, sondern auch der öffentlichen Hand beitragen kann. Die Grenze der Behandlung dieser „Hilfswissenschaften“ im Rahmen der Finanzwissenschaft liegt dort, wo ihr Beitrag für das Verstehen der ökonomischen Verhaltensweisen aller von der Finanzwirtschaft betroffenen Personen und Personenkreise aufhört.

4. Gliederungsübersicht

Die Gesamtdarstellung wird in ihren Hauptteilen nach den finanzwirtschaftlichen Institutionen: Ausgaben, Einnahmen, Staatshaushalt und Finanzausgleich gegliedert, um den Zusammenhang mit der traditionellen Behandlung des Stoffes nicht zu verlieren. Innerhalb der einzelnen Teile aber wird die wirtschafts- und finanzpolitische Problematik zu den tragenden Momenten der Behandlung gehören. Dadurch mag die Gefahr eines gewissen Zerreißens der Zusammenhänge in zweifacher Hinsicht entstehen: einmal, indem die institutionellen, zum anderen, daß die wirtschaftlichen Problemzusammenhänge unterbrochen dargestellt werden. Um die darin liegende Gefahr zu umgehen, werden noch im Rahmen der einleitenden Teile der Gesamtdarstellung einige zusammenfassende Übersichten gegeben: Zunächst eine Übersicht über den institutionellen Rahmen der Darstellung nach Staatsausgaben, Einnahmen, Staatshaushalt und Finanzausgleich (§ 2 dieses Kapitels); dann eine Übersicht über die finanzpolitischen Systeme der Neuzeit mit ihren typischen Wandlungen hinsichtlich Planung, Zielsetzung, Mitteleinsatz und Wirtschaftlichkeit (§ 3 dieses Kapitels); darüber hinaus erfolgt eine systematische Darstellung der heute in Praxis und Lehre auftretenden finanzpolitischen Zielsetzungen (Kapitel II).

§ 2. Der institutionelle Rahmen der öffentlichen Finanzwirtschaft

Im folgenden wird eine Übersicht über die finanzwirtschaftlichen Institutionen gegeben, denen die Gesamtdarstellung folgt.

1. Ausgaben der öffentlichen Hand und ihre Abgrenzung gegenüber anderen Möglichkeiten zur Erfüllung öffentlicher Aufgaben

Zur Erfüllung ihrer Aufgaben setzen die öffentlichen Finanzwirtschaften Mittel, heute vorwiegend Geldmittel ein, die mit dem Akt ihrer Verwendung zu „Ausgaben“ werden. Jedoch steht der öffentlichen Hand nicht nur dieser Weg offen. Es gibt sowohl historisch als auch grundsätzlich weitere Möglichkeiten, insbesondere ist die oikenmäßige und die leiturgische Erfüllung öffentlicher Aufgaben zu erwähnen.

a) Unter *oikenmäßiger* Deckung (oikos, gr. Haushalt) des Bedarfs versteht man die unmittelbare naturalwirtschaftliche Aufbringung von Leistungen aus der die Leistungen verbrauchenden Wirtschaft selbst. Einzelwirtschaftlich spricht man dabei von „geschlossener Hauswirtschaft". Als Beispiel ist die auch heute teilweise gegebene Selbstversorgung auf Bauernhöfen anzuführen. Auch die öffentliche Wirtschaft kennt solche Bedarfsdeckung. Sie spielt historisch eine bestimmende Rolle, z. B. in den königlichen Großhaushaltungen nicht nur der Antike, sondern auch des Mittelalters. Selbst heutzutage sind Elemente oikenmäßiger Dekkung öffentlicher Bedarfe zu finden. So beispielsweise überall dort, wo der Staat Waffen in eigener Regie erzeugt oder Wehrmachtswerkstätten unterhält.

b) Als *leiturgische* Bedarfsdeckung (leiturgia, gr. Leistung für das Volk) wird bezeichnet eine unmittelbare unentgeltliche Heranziehung der Mitglieder des öffentlichen Gemeinwesens zu Diensten und Leistungen. In der Antike spielten Leiturgien in der Form der Heranziehung von Bürgern zur Ausrüstung von Kriegsschiffen, zu Transportleistungen, ja sogar, wie im römischen Reich der Spätzeit, zu Steuereintreibungsdiensten ohne Bezahlung, aber unter Aufbürdung des Risikos, eine bedeutende Rolle. Elemente leiturgischer Deckung sind auch der modernen Wehrdienstpflicht in dem Maße eigen, als die dem Pflichtigen gezahlten Vergütungen (Naturalverpflegung und „Sold" an Stelle von marktwirtschaftlichem „Lohn") wesentlich unter den Sätzen liegen, die freiwillig dienenden Söldnern gewährt werden, soweit diese durch marktmäßige Interdependenzen bestimmt sind. Wenn Adolph Wagner zum Ausdruck brachte, daß die Militärdienstpflicht „ihr nächstes Analogon in der Steuerpflicht hat", so mag das übrigens zu der Erkenntnis beitragen, wie Einnahme- und Ausgabebetrachtung bei der Leiturgie ineinander übergehen. Auch wenn der Staat einen Ablieferungszwang für Güter und Dienstleistungen ausübt, die zu unter den Marktpreisen liegenden Sätzen für Staatszwecke abgegeben werden müssen, zeigen sich Elemente leiturgischer Deckung.

c) Neben diesen nicht-finanziellen Möglichkeiten zur Erfüllung öffentlicher Aufgaben, die in der *inneren* Ordnung des Gemeinwesens begründet sind, können auch Annexionen von Land als Siedlungsgebiete sowie unmittelbare und mittelbare[1]) Sachtribute, welche Personen, Personengruppen oder Gemeinwesen *außerhalb* des eigenen Staatgebietes belasten, in diesem Zusammenhang erwähnt werden.

d) Nach diesen abgrenzenden Bemerkungen ist jedoch zu betonen, daß heute — bei vorherrschender geldwirtschaftlicher Organisation der Volkswirtschaft — bei der Erfüllung öffentlicher Aufgaben die *Verausgabung finanzieller Mittel* (öffentliche Ausgaben oder Staatsausgaben) die wichtigste Rolle spielt. Mit ihnen und ihrer Problematik werden wir uns deshalb vorzüglich (Kapitel III des ersten Bandes) zu beschäftigen haben.

2. Einnahmen der öffentlichen Hand

a) Während in Zeiten vorherrschender Naturalwirtschaft unter den Einnahmen öffentlicher Körperschaften *Natural*einnahmen, z. B. in der Form von Getreidesteuern, eine wichtige Rolle spielten, stehen heute die finanziellen Einnahmen beherrschend im Vordergrund. Hier ist noch folgendes zu bemerken: Im Falle der Aufgabenerfüllung durch oikenmäßige, leiturgische u. a. nicht-finanzielle Leistungen ist es durchaus denkbar, diese geldmäßig zu bewerten, unter Erweiterung nicht nur der Aufwand-, sondern auch der Einnahmeseite der Staatshaushaltsrechnung, so daß dadurch an sich nicht-finanzielle Vorgänge rechenmäßig erfaßbar werden. Alle Versuche, die Staatsleistungen aus der naturalen Nutzung des Staatsvermögens, wie z. B. öffentlicher Gebäude durch einzelne Behörden, in der Haushaltsrechnung zu erfassen, weisen in diese Richtung. Wenn das auch noch nicht allgemeiner Brauch ist, so ist die Möglichkeit doch zumindest hier zu erwähnen.

b) Unter den *finanziellen* Einnahmen sind zunächst einige Kategorien zu nennen, die weder systematisch noch tatsächlich zu den bedeutenden heute im Mittelpunkt stehenden Einnahmearten gehören (*gelegentliche* Finanzeinnahmen).

---

[1]) Vgl. z. B. die in Kriegszeiten übliche Ausgabe ungedeckten Besatzungsgeldes als „Bezahlung" für zwangsweise von den Einwohnern besetzter Länder zu erbringende Leistungen.

Einmal sind die Einnahmen aus dem *Verkauf* von Ländereien, Betrieben oder anderen *Vermögensgegenständen* zu nennen. Hierbei handelt es sich lediglich um eine Veränderung im Liquiditätsstatus: Der Staat ist zwar liquider geworden — er hat Zahlungsmittel erhalten — die Käufer sind dementsprechend illiquider geworden, nicht aber ist mit dem Verkaufsakt, wenn Wertäquivalenz vorausgesetzt wird, eine Veränderung im Nettostaatsvermögen eingetreten, wie es im Gegensatz dazu bei einer Steuereinnahme, pari passu mit dieser Einnahme, der Fall ist. Soweit liegt eine gewisse Ähnlichkeit mit den öffentlichen Krediten vor: Hier erhält die öffentliche Hand zwar von den Kreditgebern Finanzmittel, geht aber gleichzeitig eine Verpflichtung zur Rückzahlung ein, so daß ihr Nettovermögensstatus durch die Kreditaufnahme als solche nicht verändert wird. Was die Kredite im vorliegenden Zusammenhang von den anderen genannten Möglichkeiten zur Erzielung von Geldmitteln unterscheidet, ist, daß sie nicht begrenzt sind durch einen Vorrat von verkaufbaren Gütern im Besitz des Staates. Deshalb ist der öffentliche Kredit nicht notwendigerweise — was auch wegen seiner ungleich größeren Bedeutung tatsächlich nicht möglich erscheint — unter die gelegentlichen Einnahmen einzuordnen.

Zum anderen ist hier auf *Geldtribute* und die *Beschlagnahme* von Geld im Feindeslande, aber auch im Staatsgebiet, zum Teil mit dem Charakter von *Strafen* hinzuweisen. Sie sind im systematischen Zusammenhang ebenfalls zu vernachlässigen, da die einen (Tribute und Beschlagnahmen im Ausland) nur sporadischen Charakter haben, die anderen (Strafgelder und Beschlagnahmen im Inland) nicht primär der Einnahmeerzielung dienen. Öffentliche Körperschaften, die auf Verhängung von Strafen usw. als regelmäßige Einnahmequelle ausgehen, liegen außerhalb unserer Betrachtung, gehören vielmehr in eine Soziologie der Raubgemeinwesen.

c) Ausführlicher zu behandeln sind dagegen wegen ihrer größeren Bedeutung die heute *regelmäßigen finanziellen*

Staatseinnahmen aus Steuern, Gebühren und Beiträgen, Einnahmen aus dem öffentlichen Erwerbsververmögen (Erwerbseinkünfte) sowie der Inanspruchnahme des öffentlichen Kredits.

Steuern, Gebühren, Beiträge und Erwerbseinkünfte werden traditionellerweise als ordentliche und endgültige (definitive) Einnahmen den Krediten als außerordentlichen und vorläufigen (provisorischen) Einnahmen gegenübergestellt. Unter anderer Bezugnahme werden Steuern, Gebühren und Beiträge als Zwangseinnahmen, Erwerbseinkünfte und Kredite dagegen als marktwirtschaftliche Einnahmen bezeichnet. Die Problematik dieser (und anderer) Gliederungsversuche, insbesondere hinsichtlich der Einordnung der öffentlichen Kredite, wird uns noch eingehend beschäftigen.

Bei den *Steuern* handelt es sich um Einnahmen ohne spezielle Gegenleistung, d. h. der Steuerzahler hat keinen Anspruch darauf, eine im Verhältnis zu seinen Zahlungen stehende Gegenleistung von der öffentlichen Hand zu erhalten. Die Gegenleistung besteht vielmehr in den allgemeinen Staatsleistungen, die auch dem Zensiten zugute kommen mögen, *ohne* daß er aber einen Anspruch auf eine *spezifische* (d. h. mit der von ihm zwangsmäßig erhobenen Zahlung in Verbindung stehende) oder gar auf eine *ökonomisch äquivalente* Gegenleistung erheben kann.

Anders ist dieses bei *Gebühren* und *Beiträgen*, bei denen eine *spezifische* Gegenleistung erfolgt. Die Chance, daß dabei auch ein ökonomisches Äquivalent gewährt wird, ist zwar nicht grundsätzlich ausschließbar, darf aber — auch wegen der Schwierigkeit einer zureichenden ökonomischen Bewertung der entsprechenden Staatsleistungen — nicht allemal als erfüllbar angenommen werden. Bei den *Gebühren* provoziert der die Leistung Begehrende die Zahlungspflicht, bei den *Beiträgen* dagegen nicht. Während die *Verwaltungsgebühren* und in gewissem Maße die Beiträge den Steuern näherstehen, so die *Benutzungsgebühren* den *Preisen,* welche bei der *erwerbswirtschaftlichen Tätigkeit* der öffentlichen Hand erzielt werden. Hier ist nicht nur eine spezielle, sondern auch — prinzipiell — eine ökonomisch äquivalente Gegenleistung vorhanden.

Beim *öffentlichen Kredit* besteht die Gegenleistung in der Rückzahlung und Verzinsung. Durch inflationistisch wirkende Kredittechniken kann diese Äquivalenz in realökonomischer Hinsicht allerdings gestört werden.

Die vorliegende Materie soll im einzelnen an folgenden Stellen dieser Finanzwissenschaft behandelt werden: Die allgemeine Steuerlehre (insbesondere Tariflehre, Gliederung der Steuern, Steuersysteme, Steuerprinzipien, Steuerwirkungen) zusammen mit Gebühren und Beiträgen sowie den Erwerbseinkünften im zweiten, die spezielle Steuerlehre (Darstellung der Einzelsteuern und ihrer Problematik) im dritten Bande. Die Lehre vom öffentlichen Kredit wird in den vierten Band aufgenommen.

3. Der öffentliche Haushalt

Der öffentliche Haushalt ist die normengebende Aufzeichnung geplanter Ausgaben und geplanter Einnahmen öffentlicher Finanzwirtschaften. Er enthält somit, von der Ausgabenseite her unmittelbar, von der Einnahmenseite her in Verbindung mit den Steuergesetzen, Gebühren- und Beitragsregelungen, der Politik der öffentlichen Erwerbsunternehmungen sowie den Kreditermächtigungen die Elemente einer qualitativen und quantitativen Beeinflussung des volkswirtschaftlichen Gesamtablaufes. Unter qualitativer (oder struktureller) Politik versteht man heute eine Beeinflussung der strukturellen ökonomischen Zusammenhänge, unter quantitativer (oder nicht struktureller) Politik dagegen ein Wirken innerhalb einer gegebenen Struktur. Von hier aus ergibt sich auch der Zusammenhang mit den Volkswirtschaftlichen Gesamtrechnungen und den Nationalbudgets, Versuchen der numerischen Erfassung der gesamtökonomischen Zusamenhänge privater und öffentlicher Wirtschaftstätigkeit. Die Lehre vom öffentlichen Haushalt wie die der kreislaufmäßigen Zusammenhänge zwischen Staatshaushalt und Gesamtwirtschaft werden im vierten Band behandelt.

4. Der Finanzausgleich

Im Finanzausgleich werden die zwischen den einzelnen öffentlichen Gebietskörperschaften (Bund, Länder, Kantone, Gemeinden und Gemeindeverbände) gleicher und verschiedener Ordnung bestehenden finanzwirtschaftlichen Beziehungen geregelt. Der Finanzausgleich trägt — insbesondere in den Beziehungen zwischen Gebietskörperschaften verschiedener Ordnung (vertikaler Finanzausgleich) — eine spezifisch staatspolitische Problematik in sich, die vor allem aus dem Spannungskreis: Unitarismus — Föderalismus stammt. In finanzpolitischer Sicht wird damit einmal die Frage der *Aufgabenverteilung* (wer darf oder muß öffentliche Aufgaben übernehmen), zum anderen die der *Verteilung* der *Einnahmequellen* (wer kann auferlegte oder selbstgestellte Aufgaben ökonomisch erfüllen) angesprochen. Die in diesem Zusammenhang auftretenden Probleme werden zusammenfassend im vierten Band behandelt.

§ 3. Finanzpolitische Systeme

Es wäre ein Irrtum, anzunehmen, daß die Finanzwirtschaft durch die oben (§ 1, 2) bezeichneten Elemente bereits eine ein für allemal genügende Charakterisierung erfahren hätte. Vielmehr sind sowohl in der Art der Planung als auch in den Zielsetzungen wie den Mitteln und in der Art, wie das Wirtschaftlichkeitskriterium erfaßt wird, bezeichnende Unterschiede zu vermerken. Die folgenden Ausführungen sollen nicht den Anspruch erheben, eine die historische Entwicklung zureichend klärende Darstellung zu sein. Es ist lediglich daran gedacht, einige entscheidende Wandlungen seit der Entstehung des modernen Staats in idealtypischer Weise nachzuzeichnen.

1. Der Absolutismus

Weitgesteckte *Zielsetzungen*, die in der Entwicklung der äußeren wie der inneren Macht liegen (stehende, mit Feuerwaffen auszurüstende Heere und geldmäßig zu besoldende Beamte an Stelle der früheren feudal-ständischen Aufgabenerfüllung), und dabei auch die Förderung privatwirtschaftlicher Kräfte in den staatlichen Aufgabenbereich einbeziehen, sind ein Kennzeichen der sich mit dem Zusammenbruch des mittelalterlichen Reiches entwickelnden regional- und national-staatlichen Gebilde unter der Herrschaft absoluter Fürsten. Der durch diese weitgesteckten Ziele wachsende *Finanzbedarf* bedingt eine Erweiterung der *Einnahmen:* Die *Steuer* wird zu einer ständigen Einrichtung, welche die Deckung des öffentlichen Bedarfs aus anderen Quellen nach und nach überrunden soll. Immerhin spielen diese, wie z. B. die Domäneneinkünfte, noch immer eine gewisse Rolle, z. T. gewinnen sie sogar eine neue, die allgemeine Wirtschaftsentwicklung vorwärtstreibende Bedeutung, wie im Falle der Errichtung staatseigener Produktionsstätten zur Deckung des Rüstungsbedarfs (oikenmäßige Deckung). Der bisher vorzüglich als Personalkredit auftretende, d. h. durch Pfänder zu sichernde Fürstenkredit, wird Schritt für Schritt zum eigentlichen *Staatskredit* moderner Prägung. Verbunden damit ist eine Rationalisierung der Finanzgebarung. Die frühere Fall-zu-Fall-Wirtschaft wird durch eine — natürlich regional unterschiedlich schnell realisierte — Voraus*planung* mit Hilfe von Haushaltsrechnungen als Grundlage der Verwaltung abgelöst, wobei sich allgemein starke Tendenzen zur Zentralisierung zeigen.

2. Der Liberalismus

Die folgende liberal-staatliche Entwicklung bringt gerade hier eine charakteristische Entwicklung, als schrittweise eine Einflußnahme der (zunächst von den Begüterten, erst später von allen Bevölkerungsschichten zu wählenden) Volksvertretungen auf die staatliche *Haushaltsführung* erkämpft wird. In den *Zielsetzungen* ergibt sich prinzipiell eine Wandlung im Sinne einer Rückbildung staatlicher Einflußnahme auf das Wirtschaftshandeln der Privaten. Der Staat als „Nachtwächterstaat", wie der liberale Staat von Lassalle bezeichnet wurde, sollte auf dem Gebiete der Wirtschaft lediglich Ordnungs- nicht aber Gestaltungsaufgaben erfüllen,

m. a. W. sollte sich „neutral“ verhalten (vgl. Kapitel II, §2). Das bezieht sich auch auf die *Mittel* der Finanzwirtschaft. Bei der Aufgabenerfüllung spielen finanzielle (Geld-)Ausgaben, hinsichtlich der Einnahmen die sog. ordentlichen, vor allem die Steuern, insbesondere die mit angenommener neutraler Wirkung, eine wachsende Rolle. Der, wenn auch von der liberalen Theorie als solcher bekämpfte, dennoch aber in Kriegszeiten nicht vermeidbare (oder: aus bestimmten Gründen nicht vermiedene) Staatskredit wird nach Möglichkeit im Sinne „gesunder“ Finanzpolitik (der Staat hat sich zu verhalten wie ein ordentlich wirtschaftender Privater) zurückgezahlt, teilweise erfolgt eine Institutionalisierung der Rückzahlung durch Tilgungsfonds. Die vorherrschende Abneigung gegen eine die freiwirtschaftliche Betätigung der Privaten einengende Tätigkeit öffentlicher oder etwa noch bestehender halböffentlicher Gebilde zeigt sich in einem weiteren Abbau oikenmäßiger und leiturgischer Bedarfsdeckung. Tendenziell erfolgt ein Abbau der wirtschaftlichen Betätigung des Staates (beispielsweise durch Verkauf von Domänen zugunsten privater Nutzung). Soweit aber der Staat sich als Produzent betätigt, wird er hinsichtlich der Wirtschaftsführung nach dem Maßstab privatwirtschaftlicher Rentabilität beurteilt.

3. Der Interventionismus

Mit der Erkenntnis gewisser, im Verlauf der industriellen Revolution offenbar werdender Fehlentwicklungen (Arbeiterfrage, Handwerkerfrage, Agrarfrage usw.) gewinnt im letzten Drittel des 19. Jahrhunderts in Deutschland eine wirtschafts- und finanzpolitische Richtung an Boden, die als Interventionismus bezeichnet wird. Im Rahmen einer grundsätzlich der privaten Wirtschaftsinitiative freien Spielraum gewährenden Haltung wird versucht, gewisse als unerwünscht betrachtete Ergebnisse des Wirtschaftsprozesses durch *Staatseingriffe* (Interventionen) zu beeinflussen. Wissenschaftlich wird diese Politik weithin von der sozialpolitischen Schule der deutschen Nationalökonomie unterstützt. *Finanzpolitisch* wird versucht, die Einnahmepolitik nicht nur dem fiskalischen Zwecke der Deckung des mit wachsenden Staatsausgaben wachsenden Finanzbedarfs, sondern auch wirtschaftspolitischen Zielsetzungen dienstbar zu machen. Das zeigt sich nicht nur in der Schutzzollpolitik (ab 1879), sondern auch in den — wenn auch zunächst begrenzten — Versuchen, die Steuerpolitik in den Dienst einer redistributiven Einkommenspolitik (vgl. Kapitel II, § 3) zu stellen. Den gesamtwirtschaftlichen Wirkungen der Staatsausgaben und der gleichfalls laufend wachsenden Staatsverschuldung wird — auch mangels ausreichender theoretischer Durchdringung der Zusammenhänge — noch keine ausreichende Bedeutung geschenkt. Der Staat übernimmt vor allem im Zusammenhang mit der Verstädterung versorgungspolitische Aufgaben, die zur Begründung öffentlicher Betriebe führen, welche neue Güter und Dienstleistungen (Gas, Elektrizität, zentrale Wasserversorgung usw.) anbieten. Dabei werden die Preise für die angebotenen Leistungen nicht — oder nicht nur — im Sinne maximaler Ertragserzielung, sondern derart festgesetzt, daß bestimmten wirtschafts- und sozialpolitischen Zielsetzungen gedient wird.

Bei all dem ist zu betonen, daß einer nachhaltigen staatsfinanziellen Planung einmal durch die föderative Staatsstruktur, dann aber durch die in den Volksvertretungen wechselnden Mehrheiten, welche jeweils unterschiedliche Wirtschaftsinteressen in den Vordergrund gelangen lassen, gewisse Grenzen gesetzt werden.

4. Totalitäre Systeme

Eine von solchen Gründen her weniger gehemmte Politik kann im Rahmen der finanzpolitischen Systeme verfolgt werden, die in einem ganz allgemeinen Sinne (ohne daß ihre inhaltlichen Zielsetzungen im besonderen als übereinstimmend angenommen werden sollen oder auch anzunehmen sind) als totalitär bezeichnet werden können. Gemeint sind auf der einen Seite die faschistischen und halbfaschistischen Staaten der nahen Vergangenheit, auf der anderen Seite all die Staaten, die u. a. auch finanzpolitische Mittel zu dem

Zwecke einsetzen, die Entwicklung einer kommunistischen Wirtschaftsordnung zu fördern.

Gemeinsam ist ihnen hinsichtlich der finanzpolitischen *Planung*, daß die Willensbildung von der Zentrale her erfolgt. Die Zustimmung etwa noch geduldeter parlamentarischer Körperschaften hat — wenn überhaupt — lediglich akklamatorische Bedeutung. In den *Zielsetzungen* mögen inhaltlich Unterschiede bestehen. Formell gemeinsam aber ist ihnen ein über das im interventionistischen System gegegebene weit hinausgehendes Abgehen vom Neutralitätsprinzip. In den kommunistischen und halbkommunistischen Ländern steht dabei die Unterstützung der politischen Generallinie einer Überführung des Produktionsvermögens in die Gemeinhand weithin im Vordergrund. Aber auch im Deutschland der NS-Zeit spielte die Produktion der öffentlichen Hand — trotz proklamierter Förderung der Privatinitiative — eine wachsende Rolle, vor allem aus wehr- und autarkiepolitischen Gründen, wobei der Grundsatz der Rentabilität weit in den Hintergrund trat. Überhaupt zeigt sich eine wachsende bis zur Verachtung gehende Vernachlässigung inneröokonomischer Zusammenhänge. „Der Staat kann alles." Eine die ökonomischen Interdependenzen nicht beachtende Politik aber muß zu immer schwerer werdenden Strafmaßnahmen Zuflucht nehmen. Zwar hat die moderne Theorie der Wirtschaftspolitik herausgearbeitet, daß im Rahmen bestehender ökonomischer Freiheitsgrade spannungslose Eingriffe in das Wirtschaftsgeschehen möglich sind, vorausgesetzt, daß eine genügende Klarheit über die bestehenden Möglichkeiten erarbeitet wird. Nationalökonomische Forschung aber stand und steht bei totalitären Machthabern nicht in hoher Gunst. So können auch bestehende Möglichkeiten interventionistischer Politik vielfach nicht sinnvoll genutzt werden. Unter den *Mitteln* zur Deckung des öffentlichen Bedarfs spielen — und das ist allen totalitären Staaten gemeinsam — neben der oikenmäßigen (hier in der Form staatlicher Betriebe mit unmittelbar staatlichen Zwecken dienendem Güterausstoß) die leiturgische (Arbeitsdienst, Zwangsarbeitslager, „freiwillige“ Sonderschichten und „Arbeitseinsätze“, Sachspenden mannigfacher Art) Bedarfsdeckungsmethode eine wachsende Rolle, die eine an sich rigorose, aber zeitweise aus Opportunitätsgründen nicht weiter zu verschärfende Steuerpolitik ergänzen. Der öffentliche Kredit erhält eine besondere Note dadurch, daß ihm, sei es in der Form der sog. „geräuschlosen“ Finanzierung oder der als „freiwillig“ bezeichneten Zwangsanleihen, das Moment echter Freiwilligkeit genommen wird.

5. Liberal-interventionistisch gemischte finanzpolitische Systeme

Eine Klassifizierung der heute in den politisch-freiheitlichen Idealen anhängenden Ländern befolgten Finanzpolitik ist nicht nur wegen der grundsätzlichen Schwierigkeit, zeitgeschichtliche Phänomene wissenschaftlich einzuordnen, sondern auch deswegen schwierig, weil gewisse historisch bedingte Sonderentwicklungen eine bestimmende Rolle spielen. Dennoch sind einige, von den bisher beschriebenen finanzpolitischen Systemen sich abhebende gemeinsame Erscheinungen zu ermitteln, die ihre Klassifizierung als gemischt liberal-interventionistisch gestatten.

In der *Planung* gewinnen die Volksvertretungen weiterhin, in den Ländern, in denen zwischenzeitlich die parlamentarisch bestimmte Willensbildung ausgeschaltet war, wiederum entscheidenden Einfluß. Daß dennoch der Exekutive eine wichtige, vielleicht sogar wegen der Komplizierung der Zusammenhänge wachsende Rolle bleibt, ist zur Kenntnis zu nehmen ebenso wie daß dabei von der mit neuen theoretischen Erkenntnismitteln ausgerüsteten Wissenschaft klärende und Entscheidungsfindungen erleichternde Vorarbeiten geleistet werden. Das schlägt sich in der tendenziellen Umgestaltung der staatsfinanziellen Rechenwerke z. B. dahingehend nieder, daß Verbindungslinien zu den die gesamte Wirtschaftslage darstellenden Volkswirtschaftlichen Gesamtrechnungen hergestellt werden, so daß darüber hinausgehend die Aufstellung von Nationalbudgets ermöglicht wird (vgl. vierter Band). Es wäre immerhin ein Irrtum, anzunehmen, daß damit eine in irgendeinem Sinne einseitige Politik bereits präjudiziert wird. Vielmehr ist die moderne wirtschaftspolitische Analyse gegenüber den Zielsetzungen durchaus neutral.

Infolge der Willensbildung auf freiheitlicher, unterschiedliche Interessen kompromißartig berücksichtigender Grundlage sind die *Zielsetzungen* naturgemäß nicht einheitlich, enthalten vielmehr liberale, interventionistische wie natürlich auch, allerdings kaum noch im orthodoxen Gewande auftretende, sozialistische Elemente. Teilweise führen auch faktische Entwicklungen exogener Art zu Entscheidungen, die mit den Grundideen nicht übereinstimmen. So etwa, wenn trotz grundsätzlich liberaler Zielsetzung einer Minimierung des Staatshaushalts die Staatsausgaben — z. B. aus Gründen der Aufrüstung zur Verteidigung der politisch freiheitlichen Ordnung — zwangsweise wachsen. Trotz aller bestehenden Differenzen in den Zielsetzungen setzt sich die Auffassung durch, daß die Staatsfinanzen bereits wegen ihrer relativen Größe nicht mehr als neutral zu betrachten und deshalb im Sinne gegebener wirtschafts- und finanzpolitischer Zielsetzungen zu steuern sind. Sie werden deshalb mehr und mehr Beschäftigungs-, Verteilungs-, Versorgungs- und anderen politischen Zwecken dienstbar gemacht. In qualitativem Sinne werden sie dabei nach Möglichkeit derart eingesetzt, daß die Eigenverantwortlichkeit der privaten Entscheidungsträger — im Rahmen der durch Interventionen gesetzten Daten — nicht berührt wird. Die freiwirtschaftliche Sozialordnung soll — und diese Auffassung gewinnt, im strikten Gegensatz zu den Zielsetzungen, immer aber der Praxis totalitärer Staaten, gerade auch bei den Sozialisten Raum — erhalten bleiben.

Im Rahmen des *Mitteleinsatzes* spielt, anders als in liberalen und im interventionistischen Staat, die Ausgabenpolitik hinsichtlich ihrer Rückwirkungen auf das volkswirtschaftliche Gesamtgeschehen eine bewußt empfundene Rolle. Der Einsatz von Steuern als wirtschaftspolitisches Mittel wird ebenfalls betont und praktiziert. Auch die gesamtwirtschaftliche Bedeutung der Staatsschuldenpolitik wird erkannt und es werden Versuche unternommen, sie beschäftigungs- und verteilungspolitischen Zielsetzungen nutzbar zu machen, in bewußtem Zusammenhang mit geld- und währungspolitischen Maßnahmen. Die Grundhaltung gegenüber den *staatlichen Betrieben* ist stark unterschiedlich. Einerseits werden Reprivatisierungen angestrebt, andererseits aber wird auch eine Erweiterung staatlicher Einflußnahme, z. T. unter neuen Formen, befürwortet.

Kapitel II. Finanzpolitische Zielsetzungen

§ 1. Grundsatzfragen

Die Staatsfinanzen tragen ihren Zweck nicht in sich selbst. Sie sind vielmehr Mittel zur Erreichung bestimmter Zwecke, jeweils gegebener Staatsziele. Daß diese sich wandeln können, wurde bereits im vorhergehenden Abschnitt gekennzeichnet. Jeder Versuch, etwa aus dem „Wesen" der Finanzwirtschaft eindeutig bestimmte Ziele abzuleiten, muß daher fehlschlagen. Es ist lange Zeit — im Verfolg der an den sog. Werturteilsstreit des Jahrhundertbeginns anschließenden Diskussion — darüber gestritten worden, wieweit überhaupt über wirtschafts- und finanzpolitische Zielsetzungen in wissenschaftlicher Weise begründbare Aussagen gemacht werden können. Die dabei, im einzelnen zwar unterschiedlich formulierten, dennoch im Prinzip als unbestritten herausgearbeiteten Grundsätze ergeben, bei aller Zurückhaltung gegenüber der Möglichkeit, zu den „letzten" Zielen selbst von einer Teilwissenschaft aus Stellung nehmen zu können, eine beachtliche Aufgabenskala für den Wissenschaftler im Hinblick auf die Behandlung der mit den Zielsetzungen verbundenen wirtschaftspolitischen Probleme.

1. Rangordnung der Zielsetzungen

Im Zuge der Verfolgung wirtschaftspolitischer Interessen werden oft Zielsetzungen verfochten, die an sich nicht die letzten, eigentlich erstrebten Ziele darstellen, von denen aber stillschweigend oder bewußt proklamiert angenommen wird, daß sie jenen eigentlich gewollten Zielen dienen. Sie können als Zwischenziele oder Oberflächenziele bezeichnet werden, die rangmäßig den eigentlich erstrebten Zielen nachstehen. Ohne zu den „letzten" Zielen als solchen Stellung nehmen zu müssen — das ist vom Boden einer Wissenschaft überhaupt nicht möglich — ist wissenschaftlicher Behandlung die Frage zugänglich, wieweit tatsächlich, bei Beachtung gegebener und zu erforschender Interdependenzen, die angenommene Beziehung besteht, d. h. jene letzten Ziele auf dem Wege über die Zwischenziele als erreichbar angenommen werden dürfen. Wenn sich zeigt, daß das nicht der Fall ist, ist es weiterhin legitime Aufgabe der Wissenschaft zu erforschen, ob nicht durch eine Korrektur der Zwischenziele die Erreichung der letzten, an sich gewollten Ziele anzunähern ist, und wie diese Korrektur auszusehen hätte. Beispielhaft: Der Forderung nach möglichster Neutralität der Staatsfinanzen (vgl. § 2 dieses Kapitels[1])) mag die Erwartung zugrunde liegen, daß ein nach Eigengesetzen ablaufender Wirtschaftsprozeß „harmonische", d. h. die Kriterien ungestörten Wachstums, den Leistungen entsprechende Einkommensverteilung usw., erfüllende Ergebnisse habe. Diesem eigentlichen, letztlich erstrebten Ziel würde deshalb eine neutrale, die innerwirtschaftlichen Zusammenhänge unberührt lassende Politik zwischenzielmäßig am besten dienen. Würde sich nun aber im Gegensatz zu der gehegten Annahme auf Grund wissenschaftlicher Analyse der tatsächlichen Zusammenhänge herausstellen, daß im gegebenen Falle bei freiem Spiel der ökonomischen Kräfte andere, nicht als „harmonisch" im definierten Sinne zu bezeichnende Ergebnisse zu erwarten sind, so stünde — wenn das eigentliche Ziel ernst gemeint ist — der Forderung nichts entgegen, die Zwischenzielsetzung nach Maßgabe gewonnener Erkenntnisse zu korrigieren. Das mag dann auch auf den Mitteleinsatz Einfluß haben, unter Umständen eine nicht neutrale Politik erfordern.

---

[1]) Die hier und im folgenden zur Illustration gegebenen Beispiele sind den Ausführungen in den folgenden Paragraphen entnommen.

2. Vereinbarkeit der Zielsetzungen

Weiterhin: Sofern wie in der Regel mehrere Zielsetzungen gleichzeitig erstrebt werden, ist herauszuarbeiten, ob diese Zielsetzungen bei gegebener ökonomischer Lage miteinander vereinbar sind: Gerade diese Frage wird von Politikern, insbesondere zur Zeit von Wahlkämpfen, vernachlässigt. Es sei, wiederum beispielhaft angeführt, das ausgesprochene Ziel, mit Hilfe staatsfinanzieller Mittel die aus den volkswirtschaftlichen Produktions- und Verteilungsprozessen hervorgehende Einkommensverteilung zugunsten der „Einkommensschwachen" zu verändern. Sei ferner das Ziel angestrebt, eine gleichmäßige, ohne Inflations- und Deflationserschütterungen sich vollziehende Wirtschaftsentwicklung zu unterstützen. Die Vereinbarkeit beider Zielsetzungen ist dann von der Wirtschaftslage abhängig. In einer Zeit der Überkonjunktur, d. h. aber auch möglicherweise drohender Inflationsgefahr, mag es fraglich sein, ob beide Ziele gleichzeitig voll erreichbar sind. Ergibt sich auf Grund wissenschaftlicher Analyse, daß dies nicht der Fall ist, so ist eine Wahl zwischen beiden Zielen oder ein Kompromiß vonnöten, unter Berücksichtigung auch des Mitteleinsatzes und der dabei möglicherweise sich ergebenden Nebenfolgen.

3. Zielgerechter Mitteleinsatz

Aufgabe wissenschaftlicher Forschung ist es ferner, der Entscheidungsfindung bei der Wahl der zur Erreichung gegebener Ziele adäquaten finanzpolitischen Mittel zu dienen. Beispielsweise sei das Ziel eine Verbesserung der Einkommenslage der „Einkommensschwachen" (vgl. § 3). Bei der Frage nach den zur Erreichung dieser Zielsetzung geeigneten Mitteln sind von vornherein, wie in jedem Falle, die wirtschaftlichen Zusammenhänge in die Betrachtung einzubeziehen. Es ist insbesondere zu prüfen, ob die zur Debatte stehenden Mittel, z. B. eine „redistributive" Steuerpolitik, nicht zu innerwirtschaftlichen Abwälzungsprozessen (vgl. insbes. das Problem der Steuerüberwälzung, Band II) Anlaß geben, die eine Erreichung des Zieles verhindern. Muß das, bei gegebener wirtschaftlicher Lage, als wahrscheinlich angenommen werden, so ist die Frage anzuschließen, ob es qualitativ andere oder quantitativ anders dosierte Mittel gibt bzw. ob sich ergänzende Maßnahmen anbieten, um das Ziel dennoch zu erreichen.

4. Nebenfolgen

Bei all dem ist zu erforschen, wieweit die Wahrscheinlichkeit besteht, daß infolge des Einsatzes bestimmter finanzpolitischer Mittel Nebenfolgen eintreten, die, gemessen an den eigentlichen Zielen, als unerwünscht zu betrachten sind. In einem solchen Fall ist entweder eine andere Mittelwahl erforderlich oder es muß eine Kompromißlösung hinsichtlich der Zielsetzung stattfinden. Beispielhaft sei angeführt: Zwecks Belebung der Wirtschaftstätigkeit solle eine redistributive Steuerpolitik zu dem Zwecke vorgeschlagen worden sein, die Nachfrage nach Konsumgütern zu erhöhen. Die Neigung der Unternehmer, Investitionen durchzuführen, sei infolge pessimistischer Anschauungen über die künftige Wirtschaftsentwicklung gering. Es mag sich dann die Frage erheben, ob nicht etwa durch eine starke steuerliche Belastung der Gewinneinkommen die Nachfrage nach Investitionsgütern weiterhin schrumpfen würde, was dem Ziel einer allgemeinen Wirtschaftsbelebung durchschlagend zuwiderlaufen könnte. In einem solchen Falle wären dann entweder die Einsatzmittel (in qualitativer Hinsicht andere Steuern bzw. überhaupt andere als steuerliche Mittel) zu variieren oder es wäre eine gradweise geringere Belebung der Wirtschaftstätigkeit in Kauf zu nehmen.

Es zeigt sich bereits bei den angeführten Beispielen die grundsätzliche Schwierigkeit einer vereinfachenden Behandlung der vorliegenden Probleme. Hier liegt ein weites Feld für wirtschafts- und finanzpolitische Forschungen, die immer wieder erneut auch deswegen zu beginnen haben, weil die Struktur der funktionalen Zusammenhänge im Rahmen der immer zu beachtenden ökonomischen Interdependenzen einem mehr oder weniger stetigen Wandlungsprozeß unterworfen ist.

Im folgenden soll eine Reihe von finanzpolitischen Zielsetzungen dargestellt werden, wie sie heute entweder diskutiert werden oder auch bereits Gegenstand praktischer Versuche sind.

§ 2. Neutrale Finanzpolitik

1. Das Postulat

Eng verknüpft mit der wirtschaftspolitischen Auffassung der klassischen Nationalökonomie (18., 19. Jahrhundert) ist die Anschauung, daß der Staat wie überhaupt so insbesondere auch hinsichtlich seiner Finanzwirtschaft sich möglichst neutral verhalten, d. h. die ökonomischen Kräfte und Ströme nicht aus ihrer durch Eigengesetze bestimmten Laufbahn lenken solle.

Denn: Es ist der Grundgedanke der klassischen politischen Ökonomie, daß eine von „außerwirtschaftlichen" Kräften ungestörte Marktwirtschaft zu einer optimalen Gestaltung der Wirtschaftskräfte tendiert.

Dem Staat werden zwar bestimmte *Aufgaben* zugesprochen, die er allein bewältigen kann, so von Adam Smith im 5. Buch seines „Wealth of Nations": Landesverteidigung, Rechtspflege und die Unterhaltung solcher für die Gesellschaft vorteilhaften Werke und Anstalten, die von privater Seite als nicht ausreichend profitabel nicht unternommen würden (Straßen, Brücken, Kanäle, Häfen, Gesandtschaften, Konsulate, Unterrichtswesen usw.); aber es ist die Auffassung der Klassiker, daß die Staatsausgaben darüber hinaus nicht ausgedehnt, sondern nach Möglichkeit minimiert werden sollten, damit nicht der grundsätzlich als von größerer Effizienz betrachteten privaten Wirtschaft unnötigerweise Mittel entzogen werden müßten. Prägnanten Ausdruck findet diese Auffassung in der J. B. Say zugesprochenen Aussage: Der beste Haushaltsplan ist der kleinste.

Im Rahmen eines zu minimierenden Stroms von an den Staat fließenden Finanzmitteln soll nun bei der Erhebung dieser Mittel weiterhin alles „störende“ vermieden werden. Das kommt besonders deutlich in der sogenannten Edinburger Regel (1833): „Leave them as you find them“ zum Ausdruck. Solche Forderung mag z. B. einmal darin Ausdruck finden, nicht durch *neue* Steuern Unruhe in die einmal eingespielten Kalkulationen der Anbieter und — über die dadurch etwa veränderten Preise — die Entscheidungen der Nachfragenden hineinzutragen. Zum anderen aber darin, nicht durch die *Form* und *Art* der Steuern überhaupt solche Reaktionen der Zensiten hervorzurufen, daß das Ergebnis des Wirtschaftsprozesses gegenüber einem als steuerfrei vorzustellenden Zustand verändert wird. Jede solche Veränderung würde ja vom ökonomischen Optimum wegführen und ist daher nach Möglichkeit zu vermeiden. Ein bewußter Einsatz der Finanz- oder Steuerpolitik zur Erreichung wirtschaftspolitischer Zielsetzungen, die den Wirtschaftsablauf oder die Ergebnisse des Ablaufs verändern sollen, wird deshalb, auch noch bei heutigen Vertretern finanzliberaler Postulate, als „außerfiskalische“ Zielsetzung bestenfalls als zweitrangig, im allgemeinen aber als unangebracht verurteilt. Als echte Maximen verbleiben dann nur die sog. „fiskalischen“ Steuerprinzipien, die sich kurz zusammenfassen lassen in dem Satz: Wie erhält der Staat die Finanzmittel, die er *unbedingt* benötigt, auf die *billigste*, für die Steuerzahler *bequemste* Weise. Diese Maximen gehen im wesentlichen auf die von A. Smith formulierten Steuerprinzipien der Bestimmtheit, der Bequemlichkeit, der Billigkeit und der Gleichmäßigkeit zurück. Die Gleichmäßigkeitsforderung entspricht dem Neutralitätspostulat insofern, als daran gedacht ist, den Bürger im Verhältnis zu den Vorteilen, die er „unter dem Schutze des Staates genießt“, also ähnlich, als ob er auf dem freien Markte für irgendein anderes Gut einen „Preis“ zu zahlen hätte, zu belasten. Praktisch sind vorzüglich proportionale, dazu möglichst an äußeren Merkmalen anknüpfende und ein zu weitgehendes Eindringen in die private Sphäre vermeidende Steuern sowie das Vorherrschen des Gebührenprinzips wesentliche Zielpunkte finanzliberal-neutraler Politik.

2. Die Würdigung des Neutralitätspostulats

Zwecks Würdigung des auch heute noch weithin vertretenen Neutralitätspostulats ist einmal seine Wünschbarkeit, dann seine Realisierbarkeit zu diskutieren.

a) Die Anerkennung des Postulats als *wünschbar* setzt grundsätzlich ein Einverständnis mit den Ergebnissen einer sich selbst überlassenen, nach Eigengesetzen frei sich bewegenden Volkswirtschaft voraus. Das hat notwendig zwei Untervoraussetzungen, zunächst, daß eine sich selbst überlassene Volkswirtschaft, im Sinne liberal-klassischer Vorstellungen, „optimal" funktioniert, dann aber, daß der Betrachtende die Ergebnisse des freien Spiels der Kräfte als mit seinen politischen Vorstellungen übereinstimmend anzunehmen bereit ist.

Ein Funktionieren der lediglich innerwirtschaftlichen Gesetzen folgenden, von Staatseingriffen ungestörten Wirtschaft in einem optimalen Sinne wird von der klassischen wie auch der neoklassischen Wirtschaftslehre unter bestimmten Voraussetzungen durchaus als gegeben angenommen. Das Optimum bezieht sich auf die Maximierung der Nutzen, Minimierung von Kosten und Preisen, Verteilung der Einkommen nach der ökonomischen Leistung und volle Beschäftigung aller zu Gleichgewichtspreisen leistungswilligen Produktionskräfte. Neuere Wirtschaftstheorie ist allerdings nicht in der Lage, diese optimistischen Annahmen zu stützen. Aus endogenen Gründen herrührende Störungen des Wirtschaftsablaufes werden als möglich, ja vielfach sogar als wahrscheinlich angenommen.

Aber auch, wenn eine im Sinne klassischer Vorstellungen funktionierende Wirtschaft als normal angenommen werden könnte, verbleibt die Frage, ob der Urteilende mit den Ergebnissen des Wirtschaftprozesses einverstanden ist. Das bezieht sich grundsätzlich auf die Bewertung dieser Ergebnisse. Während bei den Epigonen der Klassik, bis in unsere Zeit hin, die Ergebnisse freien Spiels der ökonomischen

Kräfte oft deshalb als angemessen oder „richtig" bezeichnet werden, weil sie „marktgerecht" seien, wird nunmehr von anderer Seite (heute vor allem von Nell-Breuning und Weisser) mit starker Betonung und in gewissem Einklang mit bereits von Max Weber, Werner Sombart u. a. im sogenannten „Werturteilsstreit" geäußerten Auffassungen mit vollem Recht darauf hingewiesen, daß hier logisch unhaltbare Aussagen gemacht werden. Urteile über „richtig" oder „falsch" ragen in Bereiche hinein, die jenseits einer rein wirtschaftswissenschaftlichen Argumentation liegen. Sie können nur durch Axiome fundiert werden, die „notwendig außerökonomischer Art" sind. Von hier aus gesehen erscheint es dann grundsätzlich durchaus möglich, zu der bei freiem Spiel sich ergebenden Einkommensverteilung, Einkommensverwendung und anderen Ergebnissen des Wirtschaftsgeschehens kritisch Stellung zu nehmen, auch wenn sie „marktgerecht" sind.

Somit erweist sich die aufgeworfene Teilfrage einmal abhängig von der an sich wertfreien Problematik des „Funktionierens" einer sich selbst überlassenen Wirtschaft, zum anderen aber von einer Stellungnahme zu „letzten", außerökonomischen Wertfragen, die kurzschlußartig im Rahmen einer Teilwissenschaft zu lösen nicht angängig erscheint. Bereits von hier aus lassen sich gewisse Zielsetzungen nicht neutraler Art, wie sie in den nächsten Abschnitten verzeichnet werden, verstehen.

b) Daneben bleibt die Problematik der *Realisierbarkeit* neutraler Finanzpolitik. Sie wird alsbald deutlich, wenn man die Forderung nach einer Minimierung und des damit in engem Sinnzusammenhang stehenden Postulats eines ständig auszugleichenden Staatshaushalts näher untersucht.

Was die Forderung nach einer *Minimierung* des Staatshaushalts betrifft, so ist zur Kenntnis zu nehmen, daß die Staatshaushaltszahlen in den letzten Jahrzehnten laufend wachsen. Adolph Wagner hat sogar von einem „Gesetz der wachsenden Ausdehnung der Staatstätigkeiten" gesprochen. Wenn das aber stimmt, dazu wie zu den Gründen dieser

Erscheinung ist noch unten (Kapitel III, § 5) Stellung zu nehmen, darf wohl kaum als wahrscheinlich angenommen werden, daß eine Neutralität der finanziellen Staatstätigkeit — und das gilt insbesondere, aber nicht nur, für die Beschäftigungslage — gegeben ist. Ist aber mit nicht neutralen Wirkungen zu rechnen, folgt einmal, daß diese näher zu untersuchen sind, zum anderen aber erhebt sich daraus die Forderung, sie so zu steuern, daß nicht etwa unerwünschte aber ohne Kontrolle zu befürchtende, sondern nach Möglichkeit jeweils gegebenen politischen Zielsetzungen entsprechende Wirkungen angenähert werden. Das schließt keineswegs aus, daß dabei Ziele erstrebt werden, die den Vorstellungen der liberalen Klassik von einem störungsfreien „Funktionieren" der Wirtschaft entsprechen. Nimmt man die Ergebnisse neuerer Wirtschaftstheorie zur Kenntnis, so läßt sich durchaus kein Paradoxon darin vermuten, daß durch bewußte Abwendung vom unbedingten Neutralitätspostulat Ergebnisse erzielt werden sollen, die einer ursprünglich auf das engste mit der Neutralitätsforderung verbundenen wirtschaftspolitischen Auffassung dienen.

Nicht neutrale Wirkungen mögen auch mit der Erfüllung des finanzliberalen Postulats eines ständig *ausgeglichenen Staatshaushalts* verbunden sein. Praktisch bedeutet die Erfüllung dieser Forderung die Deckung jeder zusätzlichen Staatsausgabe durch zusätzliche ordentliche, speziell Steuereinnahmen. Man mag argumentieren, daß, wenn der Staat durch Steuern gerade soviel Geldmittel dem volkswirtschaftlichen Kreislauf entnimmt wie er ihm andererseits durch Ausgaben zuführt, die Wirkung im Saldo gleich null wäre. Gerade eine solche Aussage aber erscheint dann zumindest als fraglich, wenn man die Forschungsergebnisse des norwegischen Nationalökonomen Trygve Haavelmo in die Betrachtung einbezieht. Danach — wie noch im vierten Band auszuführen ist — ist es denkbar, daß zusätzliche steuerfinanzierte Staatsausgaben durchaus nicht-neutrale, soll hier heißen expansive Wirkungen auf die Gesamtwirtschaft haben können, wie umgekehrt Senkungen der Staatsausgaben bei gleichzeitiger Senkung der Steuern ebenso nicht-neutrale, hier aber kontraktive Wirkungen zur Folge haben mögen.

Das hat die größte Bedeutung im Zusammenhang mit den Konjunkturbewegungen und anderen kurzfristigen oder langfristigen Abweichungen von der „normalen" Entwicklungsrichtung. Theorie und Erfahrung haben gezeigt, daß das Kleben am Postulat des Haushaltsgleichgewichts sowohl in Zeiten sich abzeichnender Unternachfrage als auch dann, wenn eine die Produktionsmöglichkeiten überschreitende Nachfrage sich zeigt, Wirkungen hervorrufen kann, welche die eingeleiteten vom „Normalen" wegführenden Tendenzen verstärken.

Soweit zur Problematik einer auf klassisch-finanzliberalen Postulaten beruhenden neutralen Politik im Hinblick auf ihre gesamtwirtschaftlichen Wirkungen. Daß davon weiterhin Wirkungen auf die Verteilung sowohl der Einkommen als auch der Ausgaben der Privaten ausgehen, ist nicht auszuschließen. Selbst von solchen finanzpolitischen Maßnahmen, welche gerade diese Relationen, der finanzneutralen Konzeption entsprechend, unberührt lassen sollen, können in Wirklichkeit nicht neutrale Verschiebungen hervorgerufen werden. So wird die klassischer Anschauung insbesondere entsprechende proportionale Besteuerung unter Umständen nicht neutral in bezug auf die Belastung der Einkommen wirken. Werden nämlich sowohl die Einkommen als auch die Verwendung des Einkommens mit proportionalen Sätzen besteuert, so wird sich deswegen eine stärkere relative Belastung der einkommensschwachen Schichten ergeben, weil deren Verbrauch im Verhältnis zum Einkommen größer ist als der mit höherem Einkommen Ausgestatteten. Bereits um Gleichmäßigkeit der Belastung zu gewährleisten, sind somit finanzpolitische Maßnahmen angebracht, die klassisch-finanzpuristischem Denken als durchaus nicht-neutral erscheinen.

Aus all dem ergibt sich, daß der Grundsatz der Neutralität weder von der Zielsetzung her noch auch im Hinblick auf seine Realisierbarkeit ohne weiteres Legitimität beanspruchen kann. Deshalb ist es verständlich, daß — auch außerhalb der von Interessengruppen ausgehenden Wünsche, d. h. durchaus am „Allgemeininteresse" orientiert — Standpunkte vertreten werden, mit Hilfe finanzpolitischer Instrumente Zielsetzungen zu erreichen, welche klassisch-finanzpuristischer Sicht als nicht-neutral fremd sind.

§ 3. Umschichtung der Einkommen

a) Es gibt überhaupt keine wirtschaftspolitischen Maßnahmen des Staates, die nicht verteilungspolitische Effekte haben oder jedenfalls haben können (Jecht). In der deutschen Sozialwissenschaft wird seit dem letzten Drittel des 19. Jahrhunderts der Gedanke der Einkommensredistribution mit dem Ziel einer Verringerung der als allzu groß betrachteten Einkommensunterschiede vertreten. *Ansatzpunkt* kann das Nominaleinkommen, aber auch das Realeinkommen sein. Ersteres mag beispielsweise durch progressive Einkommensteuern und Geldtransfers an bedürftige Haushaltungen, letzteres durch Subventionen zwecks Verbilligung von Massenverbrauchsgütern zugunsten der „Unbemittelten" oder „Einkommensschwachen" verändert werden; dazu kommt die Gratiszurverfügungstellung von Gütern und Diensten durch die öffentliche Hand. Von all dem wird im einzelnen noch in den speziellen Kapiteln der Ausgaben- und Einnahmenlehre zu sprechen sein.

Natürlich können redistributive Wirkungen lediglich *Nebenfolgen* einer vor allem an anderen Zielen ausgerichteten Finanzpolitik sein; die Einführung oder Verschärfung der Progression der Einkommensteuer z. B. mag durchaus vorzüglich mit dem Ziele erfolgen, die Einnahmen der öffentlichen Hand zu steigern. Die gewisse damit verbundene Egalisierung der zur Verfügung bleibenden Einkommen erscheint dann lediglich als eine solche Nebenfolge.

b) Die *Begründung* einer *bewußten* Einkommenspolitik durch staatsfinanzielle Tätigkeit kann *sozialpolitisch-ethi-*

scher Natur sein: Von einem bestimmten Gerechtigkeitsideal ausgehend soll die Heranführung auch der Unbemittelten an die Kulturgüter der Nation erfolgen. Die Einkommenspolitik kann auch die *Erringung sozialen Friedens* zum Ziel haben. Weiterhin kann ihr auch die Steigerung der *„social welfare“* als Ziel dienen. Die Untersuchung der Frage, ob durch eine Umverteilung der Einkommen der gesellschaftliche Gesamtnutzen zu steigern ist, wurde durch die Nutzenanalyse der Grenznutzenschule (Wiener Schule der theoretischen Volkswirtschaftslehre) angebahnt und ist durch die sog. „welfare economics“ weitergeführt worden.

Wie bereits angedeutet, läßt der insbesondere in den letzten Jahrzehnten untersuchte Zusammenhang zwischen Einkommensverteilung und konsumtiver Nachfrage ein Problem aufscheinen, das wir als Frage der Vereinbarkeit verschiedener Zielsetzungen bereits kennengelernt haben. Die Gedankenführung ist etwa wie folgt: Die Empfänger geringer Einkommen verwenden, wie a priori anzunehmen und auch statistisch zu verifizieren ist, einen größeren Teil der ihnen zufließenden Einkommen zu Konsumzwecken, d. h. sparen eine geringere Quote, als die Empfänger größerer Einkommen. Deshalb kann unter bestimmten Voraussetzungen angenommen werden, daß eine Redistribution der Einkommen in Richtung auf ihre Egalisierung durch Zuweisung zusätzlicher Einkommensteile an Unbemittelte auf Kosten der Bemittelten, eine Erhöhung der volkswirtschaftlichen Konsumquote zur Folge hat. In einer wirtschaftlichen Situation, in der aus konjunkturellen oder auch (unter bestimmten Voraussetzungen) aus Gründen einer langfristig zu sichernden volkswirtschaftlichen Wachstumsentwicklung eine Anhebung der Konsumausgaben zwecks Erhöhung der gesamten effektiven Nachfrage und damit der Beschäftigung erstrebenswert erscheint, mag somit eine Redistributionspolitik im genannten Sinne gleichzeitig beschäftigungspolitischen Zielsetzungen dienen. In einer bestimmten Situation wären demnach (zwar) beide Ziele: verteilungs- und beschäftigungspolitische, miteinander vereinbar. Aber: Soweit vorstehende Argumentation stichhaltig ist, läßt sich auch schließen, daß in solchen wirtschaftlichen Situationen, in denen aus konjunkturpolitischen Gründen eine Minderung der Nachfrage durch Hebung der Sparquote ratsam erscheint, umgekehrt eine Redistribution zugunsten der tendenziell mehr Sparenden, d. h. der Bemittelten, als adäquates Mittel erscheinen, mindestens zur Diskussion gestellt werden kann. Im gegebenen Falle wäre demnach die einkommenspolitische Zielsetzung mit der beschäftigungspolitischen nicht kompatibel. Es müßte — sofern beide Ziele ernst gemeint sind — eine Kompromißlösung angestrebt oder versucht werden, andere Wege zur Erreichung der Zielkombination zu finden.

c) Es ist überhaupt im Zusammenhang mit der Redistributionsproblematik darauf hinzuweisen, daß — sei es als Nebenfolge anderer Zielsetzungen, sei es als bewußtes Ziel z. B. interessenmäßig bestimmter Finanzpolitik — die Praxis der Finanzwirtschaft durchaus derart gerichtet sein mag, daß sie die Steuerlast verhältnismäßig stärker auf die Schultern der Unbemittelten legt und damit eine Umverteilung der Einkommen zu ihren Lasten erfolgt. Das kann zunächst als bedeutsam bei den indirekten Steuern und Zöllen angenommen werden, welche den sog. Massenkonsum belasten und — vorbehaltlich der durch die Steuerüberwälzungstheorie aufgeworfenen Probleme (vgl. Band II) — vornehmlich von den gering Bemittelten getragen werden, d. h. deren Realeinkommen vermindern (sog. Regressionswirkung der indirekten Steuern im Hinblick auf das Einkommen). Dringende Hinweise finden sich nicht nur bei den sozialistischen Steuertheoretikern (vor allem: Ferdinand Lassalle), sondern auch bei den Vertretern der Sozialpolitischen Schule der deutschen Volkswirtschaftslehre. Von ihnen wird eine progressive, d. h. die höheren Einkommen stärker belastende Gestaltung des Tarifs der Einkommensteuer schon deshalb gefordert, um zumindest die Regressionswirkungen der indirekten Steuern und Zölle auszugleichen (Kompensationstheorie der progressiven Einkommensbesteuerung). Aber: Es ist zu bemerken, daß auch bei den direkten Steuern eine Begünstigung der Begüterten eintreten kann. So, um nur einige Beispiele anzuführen, im Zusammenhang mit der Revision der Grundsteuerkataster Altösterreichs vor der Jahrhundertwende zugunsten des Großgrundbesitzes. Oder durch die 1891 erfolgende Überweisung der preußischen Grundsteuern an die Gemeinden, wodurch der Großgrundbesitz (eigene, nicht zu einer Gemeinde gehörige Gutsbezirke) steuerlich entlastet wurde. Um auch ein Beispiel aus der Gegenwart zu bringen, ist auf die Sonderbestimmungen hinzuweisen, welche bei der Einkommensbesteuerung die Inhaber von Betrieben vor den Empfängern von Einkünften aus sog. nichtselbständiger Arbeit begünstigen (sog. Gestaltungsprivileg).

d) Bei all dem bleibt die Effizienz einer Redistributionspolitik mit Hilfe staatsfinanzieller Mittel eine immer erneut zu durchdenkende Frage. Sie ist eingebettet in die allgemeine Frage nach der Möglichkeit oder Unwirksamkeit von Eingriffen „von außen“ in das „eigengesetzliche“ Spiel der wirtschaftlichen Kräfte. Diese, die Theorie der Wirtschaftspolitik in ihrer Gänze berührende Frage findet ihren Ausdruck innerhalb der Finanztheorie insbesondere in der Steuerüberwälzungsproblematik, aber auch im Zusammenhang mit der Frage nach den letztendlich Begünstigten im Falle „negativer indirekter Steuern“, der Subventionen, hat sie eine gewisse Bedeutung. Neuerdings ist auch im vorliegenden Zusammenhang den übrigen Steuerwirkungen wie Steuerhinterziehung, Steuervermeidung und insbesondere aber der Steuereinholung bevorzugtes Interesse geschenkt worden. Da die Steuereinholung im Zusammenhang mit den sog. Anreizwirkungen der Besteuerung eine besondere Rolle spielt, gewinnen wir von hier wiederum den Anschluß an die beschäftigungspolitische Problematik. Zu diesem hier bereits vorwegnehmend angeschnittenen Fragenkomplex vgl. insbesondere die im zweiten Band abgehandelte Theorie der Steuerwirkungen.

§ 4. Vermögensumschichtung

Während im vorangegangenen § 3 von der Veränderung der Einkommensverteilung die Rede war, ist es darüber hinaus erforderlich, die möglichen Einwirkungen der Staatsfinanzen auf die Vermögensstruktur, sei es (1) die interpersonale, sei es (2) die zwischen Staat und Staatsbürgern bestehende, welche die Frage der Wirtschaftsordnung berührt, bewußt zu machen.

1. Interpersonale Vermögensverteilung

Im Rahmen der Verkehrswirtschaft bildet das private Vermögen eine wesentliche Komponente der Einkommenserzielung. Vermögensbesitz und Vermögenslosigkeit entscheiden weithin über die Einkommensverteilung. Einer Angleichung oder Verhinderung des weiteren Auseinanderklaffens der Vermögensverteilung durch politische Mittel stehen jene sozialwissenschaftlichen Lehrmeinungen naturgemäß weniger skeptisch entgegen, welche das Einkommen von der eigenen Leistung des Einkommensempfängers abhängig sehen wollen. Diese Auffassung klingt in gewissen Richtungen des individualistischen Liberalismus durchaus an. Wenn das Postulat „suum cuique" in dieser Art ernst genommen wird, liegt es nahe, einer Egalisierung der Startchancen auch durch staatsfinanzielle Eingriffe nicht entgegenzustehen. Solche und ähnliche Gedanken haben, gewiß immer neben rein fiskalischen Gesichtspunkten, bei der Entwicklung und Begründung der *Erbschaftsteuern* in neuerer Zeit eine nicht zu verkennende Rolle gespielt. Sie sind in abgewandelter Form bei der Entwicklung der modernen, auf das Subjekt bezogenen *Vermögensteuer,* in der Forderung einer höheren Belastung des durch Vermögensbesitz „fundierten", d. h. gegenüber dem nicht fundierten sichereren und von den Wechselfällen der Leistungs- und Leistungsabsatzchancen unabhängigeren Einkommens, zum Zuge gekommen. Die in diesem Zusammenhang ebenfalls zu nennende, historisch immer wieder auftretende Forderung nach einer besonderen steuerlichen Belastung des *Vermögenszuwachses* trägt oft die Merkmale eines zwischen verschiedenen Wirtschaftszweigen bestehenden Interessengegensatzes. So, wenn etwa die gegenüber der agrarischen Entwicklung schnellere Vermögenszunahme in industriellen Kreisen als inneres Motiv erscheint, um z. B. den Wertzuwachs des (praktisch vor allem: städtischen) Grundbesitzes oder bei Wertpapieren steuerlich stärker zu belasten. Eine weitgehend sozialethische Begründung fand vielfach in der Forderung Platz, den im Kriege erworbenen Vermögenszuwachs in besonderem Ausmaß zu besteuern. Hier sei auf die von Finanzminister Erzberger nach dem Ersten Weltkriege in der Nationalversammlung zu Weimar gegebene Begründung verwiesen: Den „gesamte(n) Zuwachs gegenüber dem Bestand vom Jahre 1914“ wegzusteuern, sei „sozial absolut berechtigt“, wenn man daran denke, „daß für Millionen unserer Volksgenossen in diesem Zeitraum die Möglichkeit nicht vorgelegen hat, überhaupt etwas zu verdienen, die Möglichkeit vielfach nicht vorgelegen hat, ihr Vermögen zu erhalten, geschweige denn zu vermehren“. Eine stärker finanzpolitisch fundierte Begründung für den Einsatz staatsfinanzieller Mittel ist dann gegeben, wenn der Vermögenszuwachs selbst vorzüglich durch die Art und Weise der Kriegsfinanzierung hervorgerufen wurde, d. h. auf Sondergewinnen infolge einer staatsfinanziell verursachten Inflation beruht. Ein großer Teil des zusätzlichen Geldvermögens schlägt sich dann in Kriegsanleihen, d. h. in Forderungen gegenüber dem Staat, nieder. Eine Abschöpfung dieser Ansprüche dient, wie Erzberger — bei der Begründung der „Vermögensabgabe“ — es ausdrückte, der „Sanierung“, d. h. dem Ausgleich zwischen Geld- und Realvermögen. Vgl. dazu auch die zwischen Volks- und Betriebswirten im Zweiten Weltkriege geführte Diskussion.

Die Gegenposition zu allen Begründungen des Vermögensausgleichs ist vor allem, daß durch eine steuerliche Belastung der Besitzenden bei steuerlicher Entlastung der Nichtbesitzenden als Nebenwirkung, volkswirtschaftlich gesehen, Vermögensverzehr auftreten, zumindest aber die volkswirtschaftliche Vermögensbildung gehemmt werden mag. Das deswegen, weil die nunmehr steuerlich Begünstigten eine geringere Sparwilligkeit bzw. Sparfähigkeit aufweisen als die zusätzlich Belasteten.

Fällt zwar im oben genannten Falle der „Sanierung“ einer Geldvermögensaufschwemmung (Überhang des Nominal- gegenüber dem Realvermögen mit der Gefahr einer weiteren Inflationierung, wenn das Nominalvermögen in liquider oder leicht liquidierbarer Form erscheint) die Begründung einer durchschlagenden volkswirtschaftlichen Gegenposition außerordentlich schwer, so mag das in allen anderen Fällen anders sein. Wenn nämlich die Notwendigkeit der Ersparnisförderung, sei dies klassisch-orthodox oder kreislauftheoretisch begründet, in einer bestimmten gesamtwirtschaftlichen Situation gegeben erscheint, so mag auch ihre staatsfinanzielle Förderung von hier aus begründet erscheinen. Förderung der Ersparnisbildung ist dann nicht nur ein Schlagwort. Aber auch hier muß die mögliche oder sogar wahrscheinliche *Nebenwirkung* zur Kenntnis genommen werden, daß z. B. eine steuerliche Förderung der Ersparnisbildung zu einer Vergrößerung der Vermögensunterschiede und damit wiederum der Einkommensunterschiede führen mag, wenn eine Steuerersparnis vor allem den vorzüglich sparfähigen Empfängern höherer Einkommen zugute kommt, und es sich hier vorzüglich um Einkommen aus Besitz handelt. Ist dieses der Fall, so zeigt sich auch hier im Rahmen der genannten Zielvorstellungen ein Wahlproblem: nämlich zwischen dem Ziel der „Gerechtigkeit“ oder des Ausgleichs und dem der Förderung des volkswirtschaftlichen Wachstums. Immerhin ist folgendes zu bemerken: Wird durch Ersparnisförderung einer Inflationstendenz entgegengewirkt, so kann dieses gleichzeitig der „Gerechtigkeit“ dienen, insofern in einer Inflationssituation gerade diejenigen Einkommensempfänger Nachteile erleiden, deren Einkommen nicht aus Besitz von Produktionsmitteln, sondern aus abhängiger Tätigkeit stammt, das infolge des zeitlichen Unterschieds zwischen Preis- und Lohnerhöhungen real gesehen sinkt. Das trifft in noch stärkerem Maße für Pensionäre und Rentenbezieher zu. Inflationsbekämpfung mag somit vor allem den „Kleinen“ dienen; es ist aber andererseits darauf zu verweisen, daß auch durch Staatssparen, d. h. Erzielung eines Überschusses der Staatseinnahmen über die Staatsausgaben, eine Inflationsbekämpfung möglich ist, so daß eine z. B. mit steuerlichen Mitteln versuchte Förderung der privaten Ersparnis nicht allein von der Zielsetzung: Bekämpfung der Inflation her begründet werden kann. Es muß, um sie zureichend zu begründen, noch der Zusatz gemacht werden, daß eine weitere Zielsetzung: die Förderung gerade der *Privat*vermögensbildung als wesentliches Ziel erscheint.

2. Privates und öffentliches Vermögen

Damit ist der Übergang zu der Frage: Vermögensbildung der Privaten oder des Staates bereits gegeben.

In einem extremen Sinne wird der Einsatz der Staatsfinanzen zur Umformung der gesamten Wirtschafts- und Gesellschaftsordnung von Marx und Engels im kommunistischen Manifest (1847) gefordert. Als „Mittel zur Umwälzung der ganzen Produktionsweise“ wird neben „Expropriation des Grundeigentums“, „Abschaffung des Erbrechts“, „Zentralisation des Kredits in den Händen des Staates“ auch eine „starke Progressivsteuer“ gefordert. Auch innerhalb neuerer Erörterung der Finanzpolitik spielt die Vermehrung des öffentlichen Vermögens eine wesentliche Rolle. Das kommt z. B. zum Ausdruck, wenn Gunnar Myrdal zur Frage des langfristigen Ausgleichs des Staatshaushalts Stellung nimmt. Ein Überschuß der Einnahmen über die laufenden Ausgaben vermehrt das Netto-Staatsvermögen(Bruttovermögen abzüglich Schulden): es können dann Staatsschulden zurückgezahlt werden (echte Schuldentilgung). Ein Vorteil im Wachsen des Nettostaatsvermögens liegt darin, daß die Staatsschuldzinslasten fallen und langfristig weniger Steuern zu zahlen sind. Erik Lindahl weist darauf hin, daß ein Wachsen des Nettostaatsvermögens z. B. durch schärfere Besteuerung der Wohlhabenden eine Milderung der Ungleichmäßigkeit der gegenwärtigen Wohlstandsverteilung zur Folge habe. So erweist sich der Ausgleich des Staatshaushalts oder ein Einnahmeüberschuß als ein im vorliegenden Zusammenhang durchaus interessierendes Problem. Die Frage, ob werbende Staatsanlagen durch Steuern oder — wie traditionellerweise postuliert — durch Anleihen finanziert werden sollten oder dürften, gehört ebenfalls hierher. Als Beispiel für eine in diesem Sinne „sozialistische" Politik wird oft auf die Steuerfinanzierung des öffentlichen Wohnungsbaus in Wien nach dem Ersten Weltkrieg verwiesen.

Die Gegenposition stellt sich in der liberalen Forderung nach einem im Verhältnis zu den Staatsbürgern „armen" Staat dar.

Soll diese Forderung durch eine Reprivatisierung, d. h. Verkauf (vor allem realen) öffentlichen Vermögens verwirklicht werden, wobei gleichzeitig infolge dem Staat dadurch zufließender zusätzlicher Geldeinnahmen eine Steuersenkung ermöglicht wird, so ist folgendes zu bemerken: Falls die Steuersenkung vorzüglich den besitzenden Schichten zugute kommt und diese mit den (steuerlich) ersparten Mitteln die vom Staat abgestoßenen Vermögensteile erwerben, würde pari passu mit der Verarmung des Staates eine Vermögensveränderung zugunsten der besitzenden Schichten erfolgen. Sollte das nicht beabsichtigt sein, müßten besondere zusätzliche Maßnahmen ergriffen werden. Eine kleine Stückelung der wertpapiermäßig festgelegten Besitzrechte, wie z. B. in der Diskussion um die Reprivatisierung des Volkswagenwerkes vorgeschlagen, würde wohl eine notwendige, nicht aber eine zureichende Bedingung sein, um einer etwa ernsthaft postulierten breiten Streuung des Vermögens zu dienen.

Falls in Konsequenz solcher Überlegungen dagegen vorzüglich den einkommensschwachen, in der Regel nichtbesitzenden Schichten zugute kommende Steuersenkungen in Erwägung gezogen werden, ist die Frage zur Beachtung zu empfehlen, wieweit das zu einer Verschleuderung des

Staatsvermögens beitragen kann: Wenn nämlich infolge der relativ hohen Konsumneigung der nunmehr steuerlich Begünstigten die Sparmittel, mit denen das von der öffentlichen Hand abzustoßende Vermögen gekauft werden soll, nicht wesentlich wachsen, so mag das ceteris paribus[1]) zu einer Preisminderung der zu verkaufenden Vermögensteile führen. D. h. aber, unter der Annahme eines allen Bevölkerungsschichten zugute kommenden öffentlichen Vermögensbesitzes, daß die nichtbesitzenden Schichten in ihrer Position so ebenfalls verschlechtert werden.

Eine Reprivatisierung öffentlichen Vermögens ist somit in jedem Falle auch unter Berücksichtigung der interpersonalen Vermögens- bzw. Vermögensnutzungslage zu betrachten.

§ 5. Beeinflussung der Unternehmensformen

Auch der von den öffentlichen Finanzwirtschaften insbesondere über bestimmte Steuern ausgehende Einfluß auf die Unternehmensform bildet einen bedeutenden Bestandteil der finanzpolitischen Diskussion. Wirtschafts- und gesellschaftspolitische Elemente in der Beurteilung der Unternehmungsformen spielen dabei eine wesentliche Rolle.

a) Die Vielfalt der Gestaltungsmöglichkeiten hinsichtlich der *Rechtsformen* der Unternehmen führt in Verbindung mit der Vielfalt steuerbarer Tatbestände dazu, daß eine gleichmäßige steuerliche Belastung der verschiedenen Unternehmensformen nicht ohne weiteres gegeben ist. Mitunter ist sie nicht einmal gewollt. In der Regel wird die der jeweiligen Unternehmensform eigene Steuerbelastung bei der Formwahl berücksichtigt.

Zunächst sei auf die Bedeutung der Relation zwischen Körperschaft- und Einkommensteuerbelastung hingewiesen. Die eine hat das Einkommen juristischer, die andere das Einkommen natürlicher Personen zum Objekt. Seit Einfüh-

[1]) Wir betrachten in streng theoretischem Sinne hier nur die durch das zu diskutierende Staatshandeln (Verkauf von Staatsvermögen bei gleichzeitiger Steuersenkung) selbst hervorgerufenen Vorgänge.

rung einer besonderen Körperschaftsteuer ist sowohl allgemein das Verhältnis der beiderseitigen Steuersätze diskutiert worden, als auch das Problem der Doppelbelastung der Gewinne der Kapitalgesellschaften. Diese werden einmal der Körperschaftsteuer und sodann, soweit sie ausgeschüttet werden (z. B. in der Form von Dividenden), noch einmal bei ihren Empfängern der persönlichen Einkommensteuer unterworfen. Die Einführung der Körperschaftsteuer erfolgte zwar in Deutschland mit der Begründung, die wachsend ins Gewicht fallenden Wettbewerbsvorteile der Kapitalgesellschaften gegenüber den Einzelunternehmen bzw. Personengesellschaften auszugleichen (vgl. Begründung zum Körperschaftsteuergesetz 1920). Dennoch lagen bei Sätzen der Einkommensteuer bis zu 60 v. H. und anfänglich lediglich 10 v. H. bei der Körperschaftsteuer (zusätzlich 2 bis 10 v. H. je nach der Höhe der Ausschüttungen) die steuerlichen Vorteile eindeutig bei den Kapitalgesellschaften und wurden auch durch die 1925 erfolgende Herabsetzung der Maximalsätze der Einkommensteuer auf 40 v. H. und Heraufsetzung der Körperschaftsteuer auf 20 v. H. nicht voll abgebaut. Somit waren in den Kapitalgesellschaften zurückgehaltene und d. h. der persönlichen Einkommensteuer nicht unterworfene Gewinne nach wie vor gegenüber den in vergleichbaren Personenunternehmen zurückbehaltenen Gewinnen bevorzugt, die in voller Höhe zur Einkommensteuer der natürlichen Personen herangezogen werden.

An die Stelle dieser wohl mehr unbewußten Begünstigung trat während des NS-Regimes aus Animosität gegen den „anonymen" Charakter der Kapitalgesellschaften ein bewußter Einsatz finanzpolitischer Mittel zur wirtschaftlichen Benachteiligung der Kapitalgesellschaften. Erhöhung der Körperschaftsteuer und steuerliche Erleichterung der Umwandlung von Kapitalgesellschaften in Personenunternehmen gingen Hand in Hand. Gleiche Wege werden heute in der sowjetischen Zone eingeschlagen; der progressiven Gestaltung des Körperschaftsteuertarifs mit hohen Maximalsätzen (95 v. H.) stehen steuerliche Erleichterungen für die

Umwandlung in Personenunternehmen zur Seite. Darüber hinaus aber werden alle privaten Unternehmen mit Hilfe finanzpolitischer Mittel (Steuersätze, Gewinnermittlungsvorschriften) gegenüber den Genossenschaften und den „volkseigenen" Betrieben diskriminiert.

In der Bundesrepublik wird weitgehend finanzpolitische Neutralität gegenüber den Rechtsformen der Unternehmen erstrebt. Da nach 1945 u. a. wegen der damaligen hohen Tarife der Einkommensteuer vielfach ohne betriebswirtschaftliche Begründung die Form der Kapitalgesellschaft gewählt worden ist, schafft das Umwandlungs-Steuergesetz vom 11. 10. 57 steuerliche Erleichterungen für die Umwandlung einer Kapitalgesellschaft in ein Personenunternehmen. Im Zusammenhang mit weitergehenden Reformvorschlägen wird mit dem Ziel größtmöglicher Neutralität der Besteuerung auf die Unternehmensform die Verkettung der Steuerbemessung mit persönlichen Merkmalen der Unternehmensinhaber bekämpft und dafür einer einheitlichen Betriebssteuer das Wort geredet.

b) Aber nicht nur die Rechtsform, sondern auch *Größe und Verflechtung* der Unternehmen werden von steuerlichen Maßnahmen betroffen. Bewußt wurden zur Benachteiligung der Großunternehmen und zum Schutz des Mittelstandes z. B. Einzelhandelsumsätze von Unternehmen mit einem Jahresumsatz von mehr als 1 Million DM (bis 1951) mit einer erhöhten Umsatzsteuer belastet, vielfach als „Warenhaussteuer" bezeichnet. Die Staffelung der Biersteuer nach dem Ausstoß dient gleichen Zwecken.

Weiterhin sind die möglichen Auswirkungen der Steuerpolitik in Richtung auf eine Verstärkung der Unternehmenskonzentration Objekt der Diskussion über die finanzpolitischen Zielsetzungen. So wird argumentiert, daß die eben erwähnte Umsatzsteuer in ihrer (in Deutschland) derzeitigen Form einer nach dem Bruttoprinzip erhobenen Allphasensteuer den Zusammenschluß von Unternehmen verschiedener Fertigungsstufen begünstigt, da durch einen Zusammenschluß Steuern gespart werden können. Dem ist in Einzelfällen durch die Erhebung von Zusatzsteuern zum Ausgleich der unterschiedlichen Umsatzsteuerbelastung einstufiger und mehrstufiger Unternehmen zu begegnen versucht worden. Andererseits will die Berücksichtigung von sog. „Organschaften" wirtschaftlich (nicht allein steuerwirtschaftlich) zweckmäßigen Verflechtungen nicht entgegenstehen, indem sie Umsätze zwischen derart verbundenen Unternehmen wie innerbetriebliche Umsätze umsatzsteuerfrei läßt. All diese Maßnahmen sind in ihrer Zielsetzung strittig oder treffen bezüglich ihrer Wirksamkeit auf Zweifel. Dem Neutralitätspostulat würde es zweifellos dienen, wenn die derzeitige Brutto-Allphasenumsatzsteuer durch eine Nettoumsatzsteuer ersetzt würde, die lediglich an der vom jeweiligen Unternehmen geschaffenen Wertschöpfung ansetzt. Vgl. dazu, auch im Hinblick auf andere Postulate, die unten im Rahmen der Steuerlehre gegebenen Ausführungen.

Zum gleichen Problem der finanzwirtschaftlichen Beeinflussung der Verflechtung der Unternehmen ist auf das von Anbeginn für die Körperschaftsteuer geltende sog. Schachtelprivileg hinzuweisen. Gewinne aus Anteilen an Untergesellschaften (d. h. Kapitalbeteiligungen von früher mindestens 20 v. H., heute mindestens 25 v. H.) bleiben bei der Obergesellschaft körperschaftsteuerfrei, um eine Doppelbelastung mit Körperschaftsteuer zu vermeiden. Die Grenze, die für die Anwendung dieses Schachtelprivilegs in der Bestimmung des Mindestanteils der Beteiligung gesetzt ist, mag einen Trend auslösen, eine sowieso angestrebte Beteiligung nicht unter dem körperschaftsteuerlich begünstigten Satz zu halten. Eine gewisse Förderung der Verflechtung ist bei dieser Regelung zu erwarten.

§ 6. Veränderung der Verhaltensweise der Marktparteien

a) Im Rahmen der modernen Preistheorie spielt die Lehre von den Marktformen mit den typischen Verhaltensweisen von Anbietern und Nachfragern eine bestimmende Rolle. Danach zeigt sich auf Märkten, auf denen reine Konkurrenz besteht, eine dauernde Tendenz zur Wegspülung der Gewinne, die Preise nähern sich den Stückkosten an, während auf monopolistisch beherrschten Märkten die Anbieter durch Zurückhaltung des Angebots den Preis über die Stückkosten heben können und so einen Monopolgewinn erzielen.

b) Die neoliberale Lehre stellt dem Staat die Aufgabe, wo nur immer möglich, darauf hinzuwirken, daß auf den Märkten Konkurrenzverhältnisse hergestellt werden (Leonhard Miksch: „Wettbewerb als Aufgabe"). Ist dieses nicht möglich, dann soll eine Politik des „als ob" befolgt werden, d. h. Monopolisten sollen durch geeignete Maßnahmen gezwungen werden, sich so zu verhalten, als ob Konkurrenz vorläge und d. h. ihr Angebot zu erhöhen und den Preis zu senken. Über die dazu dienenden Mittel ist hier nur insoweit zu handeln, als finanzpolitische Instrumente angesprochen werden. Wenn auch weitgehend praktische Beispiele bewußten Einsatzes fehlen, so ist doch grundsätzlich auf die Möglichkeit der Beeinflussung hinzuweisen. Es ist von vornherein zu bemerken, daß es dabei nicht um die Problematik der Steuerüberwälzungstheorie, also nicht um die Frage geht, wie bei gegebenen Marktverhaltensweisen (konkurrenzmäßige, monopolistische usw.) die Einführung, Erhöhung oder Senkung bestimmter Steuern auf die Preishöhe wirkt. Im vorliegenden Zusammenhange interessieren lediglich die Möglichkeiten, die Verhaltensweisen selbst zu verändern, also insbesondere für die Anhänger freier Konkurrenzpreisbildung, einen Monopolisten dazu zu bringen, sich wie ein Anbieter auf einem Konkurrenzmarkt zu verhalten. Joan Robinson hat in ihren „Economics of Imperfect Competition" eine solche Möglichkeit beschrieben. Eine Subvention pro Produkteinheit in Höhe des Unterschieds zwischen Grenzkosten und Grenzerlös bei der Ausbringungsmenge, welche der Ausbringungsmenge bei konkurrenzmäßigem Verhalten entsprechen würde, wird kombiniert mit einer fixen Steuer in Höhe der gesamten Subvention bei dieser Ausbringungsmenge. So soll der Monopolist gezwungen werden, tatsächlich diese Menge herzustellen, die er dann nur zu dem

Konkurrenzpreise absetzen kann. Würde er weniger ausbringen, so hätte er in jedem Falle die fixe Steuer zu bezahlen, während er nur einen Teil der Subvention erhält. Vgl. auch einen ähnlichen Vorschlag von K. E. Boulding in seiner „Economic Analysis".

Nicht zu vergessen sind aber die wohl wesentlich stützenden finanzpolitischen Maßnahmen, die gerade das Ausnutzen vorhandener Marktmachtstellung zu verhindern suchen. Zu nennen ist hier die Gewährung steuerlicher Erleichterungen an gemeinnützige Wohnungsbaugesellschaften mit der Auflage an diese Gesellschaften, laufend Wohnungen zu bauen und am Markt vornehmlich für Minderbemittelte anzubieten, wobei für die Beteiligten am Unternehmen nur begrenzt Gewinn ausgeschüttet werden darf. Alle sonstigen Mittel sind gemeinnützigen Wohnungsbauzwecken zu widmen.

c) Im übrigen ist darauf zu verweisen, daß umgekehrt durch Einsatz finanzpolitischer Mittel — als Nebenfolge — Anbieter u. U. erst in die Lage versetzt werden, monopolistische Politik zu betreiben, indem sie sich zu diesem Zwecke zusammenschließen. Als Beispiele seien solche Kartelle genannt, die ihre Existenzfähigkeit einer Zollmauer verdanken.

Haberler (Der Internationale Handel, S. 241) führt zu dieser Frage aus:

„Die Möglichkeit, in größerem Ausmaß Dumping zu betreiben, ist durch den Zollschutz bedingt. Aber auch der Bestand der monopolistischen Organisation (des Kartells oder Trusts), die das Dumping betreibt, beruht meistens auf dem Zollschutz. Es ist vielleicht eine Übertreibung, zu sagen, daß *jedes* Kartell und *jeder* Trust das Geschöpf eines Zolles sei — 'The Tariff is the Mother of Trusts' — daß aber die *Mehrzahl* der Kartelle nur durch den Zollschutz zusammengehalten wird, läßt sich nicht bestreiten. Es ist nun einmal ungleich leichter, die wenigen Produzenten eines kleinen, durch Zölle abgeschlossenen Landes unter einen Hut zu bringen, als die zahlreichen Produzenten eines großen Wirtschaftsgebietes. Würden die Zölle abgeschafft, so würden zahlreiche Unternehmungen, die heute — jedes in seiner Branche — in ihren Wirtschaftsgebieten eine Art Monopolstellung einnehmen, diese verlieren; die Mehrzahl der bestehenden Kartelle müßte verschwinden oder wäre zur Wirkungslosigkeit verurteilt. Denn bei Abwesenheit eines Zollschutzes läßt sich eine Monopolstellung in einem Gebiete nur bis zu der durch die Frachtkosten gezogenen Preisgrenze ausüben; steigt der Preis über diesen Punkt, so wird sofort die ausländische Konkurrenz angelockt.

Diese Behauptungen lassen sich tausendfältig aus der Erfahrung bestätigen. Wenn auch andere Umstände mitspielen — z. B. der sprichwörtliche Individualismus des englischen Unternehmers —, so ist es doch auch zum guten Teil auf den fehlenden Zollschutz zurückzuführen, daß die Entwicklung der Kartelle im freihändlerischen England im Vergleich zum europäischen Kontinent stark zurückgeblieben ist. Es ist auch kein Zufall, daß die Kartelle in Deutschland erst nach dem Übergang zum Schutzzoll, also nach 1879, so stark ins Kraut geschossen sind."

Die Verhaltensweise von Marktparteien wird wohl am stärksten beeinflußt — und darauf ist lediglich als auf ein Extrem hinzuweisen — durch die kraft Machtstellung geschaffenen Monopole der öffentlichen Hand, die — bei Branntwein, Zündwaren, oft auch bei Tabak — vornehmlich einer gesicherten Einnahmeerzielung für die öffentliche Finanzwirtschaft dienen.

§ 7. Veränderung der Nachfragestruktur

Infolge der Interdependenz der wirtschaftlichen Größen wird jede finanzielle Staatstätigkeit mehr oder weniger stark, unmittelbar oder mittelbar, auch auf die von Privaten ausgeübte Nachfrage nach Gütern und Dienstleistungen Einfluß nehmen. Das kann die volkswirtschaftlichen Gesamtgrößen der Nachfrage nach Konsum- und Investitionsgütern betreffen, aber auch speziell die nach einzelnen Gütern und Diensten (Nachfragestruktur). Zunächst soll die Einwirkung der Staatsfinanzen auf die Nachfragestruktur, im folgenden § 8 auf die Gesamtgrößen behandelt werden.

Eine solche Einwirkung auf die Nachfragestruktur durch Begünstigung oder Belastung der Nachfrager und/oder der

Anbieter kann als Nebenwirkung primär anders ausgerichteter Finanzpolitik hingenommen oder aber auch als Zwischenziel für bestimmte eigentlich erstrebte Ziele verteidigt bzw. gefordert werden.

1. Förderung einzelner Wirtschaftszweige

a) Es kann erklärtes Ziel oder als Nebenwirkung nicht unerwünschtes Ergebnis der Finanzpolitik sein, bestimmten Wirtschaftszweigen das Leben zu erleichtern (Förderung partieller Wirtschaftsinteressen), unter Umständen auch unter zumindest kurzfristiger Vernachlässigung der Interessen anderer Wirtschaftszweige oder auch der Gesamtheit der Konsumenten. Als prägnantes Beispiel bietet sich die Zollpolitik an, die in der Ära Bismarck nach einer Periode der Liberalisierung (es bestanden bisher nur wenige mit mäßigen Sätzen ausgestattete Finanzzölle) zu einer Schutzpolitik zugunsten der Eisenindustrie und der Landwirtschaft umgebaut wurde. Fiskalische Interessen und Schutzinteressen gingen hier Hand in Hand. Daß infolgedessen die Abnehmer der derartig geschützten Produkte mit höheren Preisen und, bei den landwirtschaftlichen Produkten vor allem, die breite Masse der Verbraucher mit einer relativen Verschlechterung ihrer Versorgungslage zu rechnen hatten, war und ist wesentliches Element der Kritik gegenüber einer solchen Finanzpolitik. Dem gegenüber wurde — vor allem im Zusammenhang mit dem um die Jahrhundertwende ausgefochtenen Streit um die Frage einer vorzüglichen Förderung der agrar- oder industriewirtschaftlichen Struktur — aber die Richtigkeit einer solchen finanzpolitischen Schutzpolitik unter Hinweis auf eine langfristig zu sichernde Rohstoffversorgung betont. Daß Förderungsmaßnahmen für die Landwirtschaft verbrauchspolitischen Zielen durchaus nicht entgegenstehen müssen, zeigt beispielsweise die Ermäßigung der Steuersätze für bestimmte landwirtschaftliche Produkte bei der allgemein — nach ihrer Einführung im 1. Weltkrieg sind ihre Sätze aus fiskalischen Gründen laufend erhöht worden — sehr belastenden Umsatzsteuer.

b) In finanzpolitischen Diskussionen spielt auch oft die Frage mit, wieweit gleichzeitig mit der Förderung von Wirtschaftszweigen aus gesellschaftspolitischen Gründen den kleinen oder mittelgroßen Wirtschaftseinheiten geholfen werden könne. So wenn die Landwirtschaft als schutzwürdig gegenüber der „Großen Industrie" proklamiert wird. Daß allerdings, wie z. B. im Rahmen der landwirtschaftlichen Schutzpolitik der Jahrhundertwende gerade innerhalb der Landwirtschaft den größeren Betrieben als vorzüglich Getreide Anbietenden Schutz angedieh, ist im Rahmen der agrarpolitischen Diskussionen des öfteren betont worden. Eine Bevorzugung insbesondere der Brennereien als Nebenbetriebe unterhaltenden Großbetriebe darf auch bei der als Förderungsmaßnahme zugunsten der Landwirtschaft 1887 gewählten Form der Branntweinbesteuerung (Liebesgabe) angenommen werden. Auch Subventionen, die für bestimmte Produkte ohne Rücksicht auf die wirtschaftliche Lage der einzelnen Produzenten gewährt werden, können sich gleichermaßen auswirken, indem sie zwar Grenzbetrieben gerade zum „Über-Wasserhalten" verhelfen, den kostenmäßig besser gestellten — vielfach größeren Betrieben — aber Differentialrenten zuschwemmen, die ihnen auch wachstumsmäßig Vorteile gegenüber den „Kleinen" gewähren.

2. Sozialpolitische Erwägungen

Eine finanzpolitische Einwirkung zwecks Verbilligung oder Verteuerung bestimmter Güter kann auch als Teil der *Einkommensverteilungspolitik* gedacht sein.

Zugunsten des Massenverbrauchs können bestimmte Güter steuerlich begünstigt werden (z. B. durch partielle Umsatzsteuersenkungen im Falle der sog. „sozial kalkulierten Lebensmittel"). Auch Subventionen für die Produktion solcher Güter — sofern sie tatsächlich einer Preissenkung dienen, d. h. von den primär begünstigten Produzenten an die Abnehmer weitergegeben werden — gehören hierher.

Neben diesen, allen Produzenten und/oder Konsumenten bestimmter Güter zufließenden Vergünstigungen können auch spezielle Zuschüsse zugunsten bestimmter Verbraucherschichten gewährt werden; das ist finanziell für den Staat weniger kostspielig, mag andererseits — ein gesellschaftspolitisches Problem — von den Begünstigten als diskriminierend empfunden werden. Auf der anderen Seite ist es denkbar, sog. Luxusgüter durch besonders hohe Steuersätze zu verteuern, mit dem Ziel, dadurch die „Bessergestellten" stärker zu belasten.

3. Berücksichtigung kultureller und sozialhygienischer Belange

Auch im Zusammenhang mit kulturellen und sozialhygienischen Belangen bietet sich in der Verbilligung bzw. Verteuerung bestimmter Güter und Dienstleistungen durch finanzpolitische Maßnahmen ein wirtschaftspolitisches Mittel der „leichten Hand" an, das in gewissem Umfange Verbote und Gebote ersetzt, zumindest aber zu ergänzen in der Lage ist.

So kann die öffentliche Hand durch Zuschüsse als Mäzen auftreten oder sich selbst als Produzent von Diensten *kultureller Art* betätigen (Staatstheater, Staatsorchester); kulturell wertvoll erachtete Veranstaltungen können steuerlich begünstigt werden. Das kann weiterhin bei Gütern und Diensten der Fall sein, deren Konsum aus *sozialhygienischen* Gründen als förderungswürdig angesehen wird. Andererseits aber wird vielfach aus sozialhygienischen und gesellschaftspolitischen Gründen die Belastung bestimmter Güter und Dienstleistungen gefordert mit dem ausgesprochenen Ziel, ihre Konsumtion dadurch zu vermindern. Die Besteuerung des Alkoholverbrauchs spielt in vielen Ländern — neben dem Zweck der staatsfinanziellen Einnahmeerzielung: ein prägnantes Beispiel für die Kompatilibität verschiedener Zielsetzungen — eine solche Rolle. Daß in diesem Zusammenhang auch Schutzinteressen zugunsten bestimmter einheimischer Wirtschaftszweige eine wesentliche Rolle spielen können, zeigt das Beispiel der Belastung ausländischer Weine durch Zölle. Diese wirken sich in einer Preiserhöhung der Importe aus und ermöglichen den heimischen Produzenten, ebenfalls höhere Preise zu fordern. Im Falle der Belastung inländischer Produkte zeichnet sich andererseits eine Konfliktsmöglichkeit zwischen Allgemeininteresse und Interessen der Produzenten ab.

Bei all dem spielen — damit wird der Problemkreis der richtigen Mittelwahl angesprochen — die Elastizitäten von Angebot und Nachfrage eine wesentliche Rolle. Weist, um nur ein Beispiel anzuführen, die Nachfrage nach einem Gut, dessen Konsum durch steuerliche Belastung gesenkt werden soll, eine sehr geringe Elastizität auf, so mag der Verbrauch trotz beträchtlicher Preiserhöhungen nicht oder nur geringfügig zurückgehen. In diesem Falle versprechen steuerliche Mittel für den gedachten Zweck keinen großen Erfolg. Ja es mag, ein Beispiel für die Notwendigkeit, auch die Nebenfolgen zu beachten, dazu kommen, daß den Haushalten für andere Güter, deren Konsum unter sozialhygienischen Gesichtspunkten wichtig erscheint, weniger Mittel übrigbleiben und somit insgesamt das Gegenteil von dem erreicht wird, was eigentlich als Ziel vorschwebte. — Diese und andere Probleme sowie die Bedeutung der Elastizität des Angebots werden uns noch eingehend im Rahmen der Steuerwirkungslehre, insbesondere der Steuerüberwälzungstheorie (Band II) beschäftigen.

§ 8. Beeinflussung der Gesamtnachfrage
(Beschäftigungspolitische Zielsetzung)

1. Das Problem

Es ist nicht auszuschließen, daß von den speziellen Förderungs- oder Erschwerungsmaßnahmen mit Hilfe der im § 7 beschriebenen staatsfinanziellen Instrumente auch Wirkungen auf die Gesamtnachfrage nach Konsum- und Investitionsgütern ausgehen können. Dieses wird um so mehr der Fall sein, wenn es sich um generelle und quantitativ beträchtliche Maßnahmen handelt. Das bereits erwähnte absolute und relative Ansteigen der Staatshaushaltsgrößen macht offenbar, daß solche Einflußmöglichkeiten wachsen. Es wurde weiterhin bereits erwähnt, daß selbst dann, wenn die Finanzierung zusätzlicher Staatsausgaben durch zusätzliche Steuern erfolgt, oder umgekehrt, eine Senkung der Staatsausgaben durch eine Senkung der Steuern begleitet ist, nicht-neutrale, d. h. expansive, umgekehrt kontraktive Wirkungen hinsichtlich der privaten Nachfrage damit verbunden sein können. Dieser Satz ist noch später zu qualifizieren. Bereits jetzt aber ist folgendes zu betonen: In der Vergangenheit mögen von solchen Tatbeständen störende Wirkungen ausgegangen sein. Das dann, wenn in Zeiten der Hochkonjunktur und damit verbunden günstiger Haushaltslage zusätzliche Staatsaufträge die Konjunktur übersteigern halfen. Umgekehrt, wenn in Depressionszeiten infolge des Versuchs, die Haushaltsklemme auszugleichen, die Staatsausgaben gesenkt und dazu unter Umständen auch noch die Steuersätze erhöht wurden. Dadurch wurde die Beschäftigung von zwei Seiten angegriffen, durch das Sinken der Reinertragslage der Unternehmer und der davon u. U. ausgehenden Nachfragesenkung der Unternehmungen sowie durch das Sinken der Nachfrage der Konsumenten. Als Beispiel sei das Verhalten öffentlicher Gebietskörperschaften im In- und Auslande während der Prosperität der späten 20er Jahre und der nachfolgenden Depression angeführt. Wie die angelsächsische Finanztheorie der 30er Jahre solche Tatbestände unter dem treffenden Terminus „fiscal perversity“ rubriziert hat, so findet man heute im deutschen Sprachgebrauch der finanzpolitischen Theorie den solche Art Finanzpolitik ebenfalls negativ bezeichnenden Ausdruck „Parallelpolitik“. Wenn so geklärt zu sein scheint, daß in Zusammenhang mit den Staatsfinanzen beschäftigungspolitische Wirkungen sich zeigen können, selbst wenn man diese gar nicht beabsichtigt, dabei aber gerade infolge der Ignorierung dieser Zusammenhänge an sich nicht beabsichtigte Wirkungen unkontrolliert auftreten, so ist es verständlich, daß die Wissenschaft, seitdem diese Zusammenhänge deutlich geworden sind — es handelt sich im wesentlichen um die 20er und 30er Jahre dieses Jahrhunderts — sich bemüht, diese Zusammenhänge näher zu durchleuchten, um eine Kontrolle zu ermöglichen. Dieses ist zu betonen, damit nicht der Eindrück entsteht, daß die im folgenden zu behandelnde Theorie der „fiscal policy", die sich aus diesen wissenschaftlichen Bemühungen entwickelt hat, sozusagen von sich aus ein neues fremdes Element in das Spiel gebracht hat. Vielmehr ist es so, daß ihr Ausgangspunkt die Durchleuchtung existierender praktischer Probleme war, die in das Bewußtsein gehoben wurden.

Es ist übrigens zu betonen, daß der in diesem Zusammenhang verwendete Ausdruck „fiscal" nicht mit dem in der deutschen Finanzwissenschaft oft gebrauchten „fiskalisch" wiedergegeben werden kann. Dem Wort „fiskalisch" haftet manchmal eine gewisse negative Bewertung in dem Sinne an, daß darunter ein Verhalten der öffentlichen Hand verstanden wird, das in einseitiger Hervorkehrung der Einnahmeinteressen keine Rücksicht auf die wirtschaftlichen Zusammenhänge nimmt. Die „fiscal policy" dagegen will gerade diese Zusammenhänge im Sinne gesamtwirtschaftlicher Betrachtung berücksichtigt wissen. Im folgenden soll ein derartiges Verhalten der öffentlichen Hand in einfacher Anlehnung an den angelsächsischen Ausdruck — der Kürze wegen — mit „fiskalpolitisch" bezeichnet werden. Der gelegentlich gebrauchte Ausdruck „konjunkturorientierte Finanzpolitik" erscheint gegenüber der Gesamtheit der vorliegenden Problemstellung zu eng.

2. Grundkonzeption der fiskalpolitischen Theorie

Zunächst ist die Grundeinsicht der Theorie der Fiskalpolitik zu schildern. Ihre theoretische und statistische Vertiefung wird im vierten Band unter dem Abschnitt öffentliche Haushalte und Wirtschaftskreislauf zu vollziehen sein. Hier müssen aber schon einige Grundfragen behandelt werden, um den entsprechenden Ansatzpunkt im Rahmen der Einzelbehandlung der Staatsausgaben und -einnahmen in den folgenden Kapiteln genügend verständlich werden zu lassen. In diesem Sinne ist die Einsicht zu gewinnen, daß die Staatseinnahmen, sprechen wir zunächst, das Problem vereinfachend, von Steuern — bei den Krediten liegt das Problem komplizierter —, den Privaten Geldmittel entziehen, m. a. W. ihnen weniger Mittel für eigene Ausgaben belassen. Isoliert betrachtet wirken so Steuern kontrahierend, d. h. verdünnen die Nettoeinnahmen- und dementsprechend die Ausgabenströme im privaten Sektor der Wirtschaft. Staatsausgaben andererseits können betrachtet werden als Ströme, die den Privaten zusätzliche Geldmittel zufließen lassen, die von ihnen wiederum ausgegeben werden können, so daß die Ausgaben-Einnahmenströme im privaten Sektor der Wirtschaft expandieren. Auf die „Fernwirkungen", die im sog. (positiven und negativen) Multiplikator und Akzelerator theoretisch erfaßbar gemacht worden sind sowie auf die Variationen, die sich hier bei den verschiedenen Formen der öffentlichen Ausgaben und Einnahmen ergeben, wird später einzugehen sein. Unmittelbar bietet sich aber die Einsicht an, daß ein Überschuß der Ausgaben über die Einnahmen (Staatshaushaltsdefizit) eine expandierende, ein Überschuß der Einnahmen über die Ausgaben (Staatshaushaltsüberschuß) dagegen eine kontrahierende Wirkung auf den Wirtschaftskreislauf ausübt.

Damit ist auch der Zusammenhang mit der Theorie der Preisniveaubewegungen angebahnt. Wird nämlich bei unelastischem Angebot (Erreichen der absoluten oder relativen — mit starker Kostensteigerung verbundenen — Produktionsgrenze) die gesamte Nachfrage erhöht, d. h. wächst sie über das gesamte Angebot (definiert bei gleichbleibenden Preisen) hinaus, so wird Preissteigerung eintreten. Umgekehrt, wenn die gesamte Nachfrage gesenkt wird, kann allgemeiner Preisfall die Folge sein. Dabei mögen in jedem Falle die Preiserwartungen von Anbietern und Nachfragern sich verstärkend auswirken. (Vgl. A. Paulsen, Allgemeine Volkswirtschaftslehre, II, Sammlung Göschen Band 1170). Die öffentliche Hand kann somit bestehende Preistendenzen durch ihr Tun verstärken, ihnen aber auch entgegenwirken.

Weiterhin ist hier andeutungsweise auf einen wesentlichen Tatbestand hinzuweisen, der die Verbindung zwischen

Finanzwirtschaft und Geldwesen herstellt. Das aus einem Überschuß der öffentlichen Ausgaben über die Einnahmen herrührende Haushaltsdefizit, wie auch umgekehrt ein Haushaltsüberschuß mögen dahin wirken, daß die umlaufende Geldmenge verändert wird. Dabei kommt es auf die Art und Weise an, wie der Staat im Defizitfalle seine Kredite aufnimmt bzw. im Überschußfalle seine Schulden zurückzahlt. Diese Zusammenhänge sollen im Kapitel Öffentlicher Kredit des vierten Bandes eingehend behandelt werden. Hier sei schon angedeutet, daß sowohl geldmengenneutrale (Übertragungskredite und ihre Rückzahlung) wie auch geldmengenverändernde Wirkungen (Schöpfungskredite und ihre Tilgung) denkbar und — gewisse institutionelle und andere Voraussetzungen gegeben — bewußter Manipulation zugänglich sind. Daß neben diesen in Zusammenhang mit dem Staatshaushalt stehenden Geldmengenvariationen weiterhin von den geldpolitischen Instanzen (Zentralbankpolitik, auf die Kreditgewährung privater Banken Einfluß nehmende Geld- und Kreditpolitik) ausgehende Einflüsse auf die den Privaten zur Verfügung stehenden Geldmittel statthaben können, die ebenfalls beschäftigungspolitischen Zielen dienstbar zu machen sind, soll lediglich erwähnt werden.

3. Spezielle fiskalpolitische Konzeptionen

Während bis Anfang der 30er Jahre Finanztheorie und Praxis weithin die beschäftigungspolitischen Wirkungen der Staatsfinanzen übersahen und im Prinzip an den Maximen des jederzeit ausgeglichenen Staatshaushalts festhielten (Folge: fiscal perversity), beginnt, nach Ansätzen in den 20er Jahren, anfangs der 30er Jahre die Einsicht sich durchzusetzen, daß gegenüber den sichtbaren Störungen des Wirtschaftslebens — in diesem Falle der großen Depression — der Staat auch als Finanzwirtschafter nicht untätig bleiben dürfe. Wirtschaftstheoretisch bedeutet das ein Abgehen von der Idee, die Krisen als eine notwendige „Bereinigung“ der in der Hochkonjunktur sich ergebenden Disproportionalitäten anzusehen. Während bisher aber — soweit Theorie und Praxis sich darüber hinausgehend mit der Möglichkeit einer konjunkturpolitischen Beeinflussung beschäftigten — vor allem die im engeren Sinne geldpolitischen Instrumente im Vordergrund standen, gewinnt jetzt die fiskalpolitische Idee mehr und mehr Einfluß.

a) „Ankurbelung" der Wirtschaft

Zunächst wurde die Theorie der „Ankurbelung" oder „Initialzündung", im angelsächsischen Sprachbereich „pump priming" genannt, entwickelt. Die Krise wurde als ein anormaler Zustand angenommen, der durch einen durchaus begrenzten Anstoß von außen überwunden werden könnte. Durch diesen Anstoß würden innerwirtschaftliche Kräfte freigesetzt, die zu einem gegenseitigen „Aufschaukeln" von Konsum und Investition führen, bis Vollbeschäftigung erreicht ist. Zusätzliche Staatsausgaben würden einen solchen Anstoß bewirken. Die Auffassungen über die Wirksamkeit einer solchen Politik sind geteilt, insbesondere auf Grund der Erfahrung, daß in der großen Krise in den Ländern, die entsprechend verfuhren, zunächst nur mit wenig Erfolg operiert wurde, vielleicht nicht zuletzt wegen des Einsatzes quantitativ zu geringfügiger Mittel.

Eine theoretische Analyse der Politik einmaliger begrenzter zusätzlicher Staatsausgaben (Hansen, Samuelson, La Roche) hat gezeigt, daß das kombinierte Multiplikator-Akzelerator-Prinzip (vgl. Kapitel III, § 2), das zur theoretischen Durchdringung auch der vorliegenden Konzeption beitragen mag, nur unter ganz bestimmten Voraussetzungen zu einem gegenseitigen „Aufschaukeln" führen würde. Deshalb sind in einer tiefen Depression bedeutende und länger dauernde Hilfen anzustreben. Bei allem ist natürlich der möglicherweise positive Einfluß zu berücksichtigen, der auch von einer begrenzten Hilfe auf die Erwartungen der Unternehmer ausgehen kann. Dazu sei auf die späteren Ausführungen zum Akzelerationsprinzip verwiesen.

b) *Antizyklische Politik*

Die Konzeption der antizyklischen Politik setzt bei den konjunkturellen Bewegungen an und teilt den Staatsfinanzen (einschl. der damit verbundenen wie auch der im engeren Sinne geldpolitischen Maßnahmen) die Aufgabe zu, einen Ausgleich mit dem Ziel einer geglätteten, nach Möglichkeit aufwärtsgerichteten Entwicklung anzubahnen. Übersteigerungen: inflationistische Konjunkturüberhitzung und größere Rückschläge mit der Gefahr eines depressiven Absinkens der gesamten Nachfrage und Beschäftigung sollen durch eine den konjunkturellen Eigenbewegungen der strategischen wirtschaftlichen Größen (Investition, Konsumtion, Einkommen) entgegenwirkende öffentliche Politik verhindert werden. Im einen Falle sei bremsend, im anderen anregend zu verfahren, auf keinen Fall aber dürften die vom „normalen" abweichenden Eigentendenzen der Wirtschaft durch eine „Parallelpolitik" verstärkt werden.

Soweit die allgemeine Konzeption. Im einzelnen lassen sich jedoch gewisse Unterschiede im Hinblick auf die Neigung, den Mitteleinsatz mit leichterem oder schwererem Geschütz durchzuführen, bemerken.

α) Automatische Stabilisierung. Die Theorie der automatischen Stabilisierung, die ihre Verbreitung insbesondere durch die vom amerikanischen Committee for Economic Development (CED) ausgehenden Veröffentlichungen gefunden hat, nimmt an, daß auch ohne bewußte ad-hoc-Manipulationen gewisse stabilisierende Wirkungen vom Staatshaushalt bereits ausgehen. Die Steuererträge nämlich würden infolge der sogenannten „Konjunkturempfindlichkeit der Steuern" gleichgerichtet mit der Wirtschaftsentwicklung sich verändern, d. h. in der Hochkonjunktur mehr, in der Depression weniger Geldmittel den Privaten entziehen; umgekehrt würden bestimmte Staatsausgaben, insbesondere die Unterstützungen für Arbeitslose, in der Hochkonjunktur weniger, in der Depression dagegen mehr Geld in die Kassen der Privaten überleiten. Ließe man diesem doppelten Spiel freie Bahn oder würde man es noch verstärken, indem man diese sowieso vorhandene „built-in flexibility“ ausbaut, so würde der Staat in der Depression im Saldo mehr Geld in den privaten Sektor fließen lassen, als er ihm entnimmt, in der Hochkonjunktur dagegen umgekehrt im Saldo Mittel entnehmen. Dieses freie Spiel erfordert allerdings ein Abgehen vom Prinzip des jährlichen Haushaltsausgleichs. Würde man die Steuersätze und die genannten Ausgabensätze in bestimmter Weise festlegen, so wäre es immerhin denkbar, daß sich im Konjunkturablauf tendenzielle Haushaltsdefizite und Überschüsse ausgleichen. (Auch hier braucht nicht besonders betont zu werden, daß durch eine mit der Staatsfinanztätigkeit unmittelbar verbundene und auch durch die geldpolitischen Instanzen selbst initiierte Geldpolitik diese Politik ergänzt werden kann.)

β) Gesteuerte Stabilisierung. Hinsichtlich der ausreichenden Wirkung der hierbei vorausgesetzten automatischen Heilungskräfte sind allerdings skeptische Stimmen laut geworden. Die „Automatik“, so wurde insbesondere von A. H. Hansen argumentiert, käme zu spät zum Zuge. Es ist ein bekanntes Phänomen, daß z. B. die bei wachsendem Einkommen anfallenden höheren Steuererträge infolge zeitraubender Erhebungstechnik vielfach erst nach einiger Zeit fällig werden, so daß die stärkeren Abzüge aus dem privaten Sektor erst nachträglich kassenmäßig wirksam werden und ihre Bremswirkung zeigen können. Ähnliches gilt bei den „automatisch“ variierenden Staatsausgaben. Deshalb wird eine bewußte und rechtzeitig einsetzende Fiskalpolitik gefordert. Vor Erreichen der Hochkonjunktur sollen gewisse, vor allem die konsumtive Nachfrage belastende Steuern in ihren Sätzen erhöht werden, die bei etwa einsetzendem Wirtschaftsabfall (Rezession) wieder zu senken wären. Ebenfalls sollten die übrigen Staatsausgaben, wo es möglich ist, bewußt durch ein sog. zeitliches Verschieben (timing) manipuliert werden, indem gewisse in der Hochkonjunkturperiode finanziell durchaus mögliche (und in der Praxis allzugern getätigte) Ausgabevorhaben auf die später einsetzende Rezession verschoben werden. M. a. W. ein Staatshaushaltsüberschuß in der Hochkonjunktur und ein entsprechendes Defizit in der Periode schlechter Geschäftslage wären bewußt herbeizuführen und nicht nur passiv zu dulden. Im übrigen hofft man, soweit es sich lediglich um die Aufgabe des Konjunkturausgleiches handelt, durch eine erfolgreiche antizyklische Beschäftigungspolitik die Ausschläge im Haushalt in erträglichen Grenzen halten zu können.

Auf die institutionelle Problematik, wie sich eine solche Politik mit den heutigen Haushaltsgrundsätzen vereinbaren läßt, und auf die damit verbundenen technischen Fragen wird noch in späteren Kapiteln an jeweils entsprechenden Stellen einzugehen sein. Dabei werden auch ausführliche Hinweise auf die aus Sorge um eine grundsätzliche Neuorientierung der Finanzpolitik im gemeinsamen Gutachten der Wissenschaftlichen Beiräte bei den Bundesministerien für Wirtschaft und Finanzen erarbeiteten Grundsätze erfolgen.

c) Langfristige Politik

Darüber hinaus ist der Einsatz finanzpolitischer Mittel auch für den Fall nicht im engeren Sinne konjunktureller sondern langfristig wirkender Fehlentwicklungen vorgeschlagen worden.

Grundlage dieser Konzeption ist die von Keynes ihren modernen Ausgangspunkt nehmende sog. „Stagnationstheorie“, die als solche, wenn auch mit anderer Begründung (und wohl auch anderen Konsequenzen) bei einigen Vertretern der klassischen politischen Ökonomie eine gewisse Rolle gespielt hatte. Die Keynessche Theorie entwickelte die Möglichkeit, daß in hochentwickelten Volkswirtschaften (mature economies) langfristige wenn nicht dauernde Tendenzen zur Unterbeschäftigung infolge unzureichender Nachfrage nach Gütern und Diensten für Investitions- und Konsumzwecke sich einstellen könnten. Dann wären — neben anderen — finanzpolitische Instrumente einzusetzen, die in zwei Richtungen zur Überwindung dieses Tatbestandes beitragen sollten. Einmal wäre zur Hebung der Konsumnachfrage eine Redistribution durch steuerpolitische Instrumente zu empfehlen. Zum anderen wären zusätzliche defizitfinanzierte Staatsausgaben (Investitionen) unter Inkaufnahme einer wachsenden Staatsverschuldung durchzuführen.

Es darf an dieser Stelle nicht vergessen werden darauf hinzuweisen, daß die Konzeption einer nicht im engeren Sinne konjunkturellen Fiskalpolitik nicht nur für den Fall einer Unterbeschäftigung, sondern auch, allerdings mit anderen Vorzeichen, für den Fall einer langfristigen Übernachfrage mit der Gefahr einer Inflation dauerhafter Natur entwickelt worden ist. Zunächst ist auch hier wieder auf J. M. Keynes hinzuweisen, der im letzten Krieg eine die private Nachfrage einschränkende Fiskalpolitik zur Diskussion gestellt hat. Seine Ausführungen haben nicht nur in der theoretischen Diskussion zur Kriegsfinanzpolitik eine bedeutende Rolle gespielt, sondern haben sich im Ansatzpunkt auch als wesentlich für die Behandlung der nach dem letzten Kriege in einer Reihe von Ländern auftretenden längerfristigen Inflationstendenzen erwiesen.

4. Die Problematik der Fiskalpolitik

Die fiskalpolitische Problematik ist, wie jede wirtschaftspolitische Problematik, durch die Rangordnung und Vereinbarkeit der Zielsetzungen, die Mittelwahl und die Nebenfolgen umrissen. Eine Reihe von Problemen wurde bereits an früherer Stelle angedeutet, z. T. werden sie noch an späterer Stelle ausführlich behandelt werden. Unbeschadet dessen sind sie hier zusammenfassend darzustellen.

a) Konjunkturglättung und Redistribution

Die bereits erwähnte Frage, wieweit sich die fiskalpolitische Zielsetzung der *Konjunkturglättung* mit dem etwa gleichzeitig als wesentlich empfundenen sozialpolitischen Ziel einer *gleichmäßigen Einkommensverteilung* decken oder nicht decken kann, stellt sich dar als ein Problem der Vereinbarkeit verschiedener Zielsetzungen.

b) Hebung der konsumtiven Nachfrage und Minderung der Investitionsanreize

Daran schließt sich — nunmehr ein Problem der richtigen Mittelwahl — die Frage an, ob nicht im Falle einer durch einkommensredistributive Mittel angestrebten Politik zu Erhöhung der allgemeinen Nachfrage via Hebung der Konsumentennachfrage der Teufel sozusagen mit Beelzebub ausgetrieben würde. Eine starke Progression der Einkommensteuer wie überhaupt eine starke Anspannung der am Gewinn anknüpfenden Steuern könne ja die Wirkung haben, daß die Nachfrage nach Investitionsgütern, neben der Konsumnachfrage ebenfalls ein Teil der effektiven Nachfrage, sinkt. Dieses sei aber deswegen möglich, weil es unter Umständen den Unternehmern, vorzüglich Empfängern der durch besagte Besteuerung belasteten Einkommen, nunmehr nicht mehr in ausreichendem Maße ökonomisch reizvoll genug erschiene, unter diesen Umständen risikovolle, aber wegen der Besteuerung in minderem Umfange Reineinkommen versprechende Investitionen durchzuführen. Dieser mögliche Gefahrenpunkt ist allerdings von den Vertretern der Fiskaltheorie alsbald ins Auge gefaßt worden. Es wurde neben gelegentlichem Hinweis auf das Akzelerationsprinzip auf die Möglichkeit aufmerksam gemacht, durch neuartige Steuerformen, welche zwar die Unternehmer belasten, ohne ihnen aber die Investitionsanreize zu nehmen, die vorliegende Diskrepanz zu überwinden. Diese Zusammenhänge werden uns im Zusammenhang mit der Steuerwirkungslehre noch eingehend beschäftigen.

c) Überwälzung

Wieweit kann das Ziel, mit Hilfe einer einkommensredistributiven Finanzpolitik die konsumtive Nachfrage zu heben, überhaupt erreicht werden? Nach einem vieldiskutierten Theorem von Carl Föhl ist eine Einkommensredistribution mit Hilfe steuerpolitischer Eingriffe überhaupt nicht möglich. Vielmehr würden die auf Unternehmergewinne gelegten Steuern immer auf die Nichtunternehmer-Konsumenten abgewälzt werden. Zur Bedeutung dieses Theorems kann ebenfalls erst im Zusammenhang mit der Steuerwirkungslehre Stellung genommen werden. Wäre es in Wirklichkeit bedeutungsvoll, so würde nicht nur die Vereinbarkeit fiskalpolitischer und sozialpolitischer Zielsetzungen, sondern auch die eben berührte Anreizproblematik in neuem Lichte erscheinen.

d) „Kalte Sozialisierung"

Weiterhin wurde — eine Frage der Rangordnung der Zielsetzungen, hier im Zusammenhang mit der Wirtschaftsordnung: wird ein vermögender oder ein armer Staat vorgezogen — darauf verwiesen, daß durch die im Anschluß an die Stagnationsthese geforderten zusätzlichen Staatsinvestitionen die Wirtschaftsordnung durch eine, wie man sagt, „kalte Sozialisierung" möglicherweise verändert würde. Dazu ist im Zusammenhang mit der Staatsausgabenproblematik Stellung zu nehmen.

e) Erhaltung des Geldwertes

Ein weiterer vieldiskutierter Fragenkreis, sowohl die Vereinbarkeit von Zielsetzungen als auch die der richtigen Mittelwahl berührend, ist hier etwas eingehender zu behandeln: Streben etwa die fiskalpolitische Zielsetzung einer *Erhaltung der Beschäftigung* auf hohem Niveau und das ebenfalls weithin anerkannte Ziel einer *Erhaltung des Geldwertes* auseinander? Und dabei: Sind die bei einer Politik der Inflationsbekämpfung etwa als notwendig erachteten oder möglichen Einsatzmittel geeignet, sozialpolitische Ziele zu verletzen? Wie kann das etwa — ein Mittelwahlproblem — vermieden werden? Dieser Fragenbereich ist nicht ein für allemal zu beantworten, sondern erfordert fallweise Behandlung, je nach den gegebenen Voraussetzungen.

α) Daß Inflation einsetzen wird, wenn die *gesamte Nachfrage über das Vollbeschäftigungsniveau hinausgetrieben* wird, und daß sich daraus sog. Inflationsspiralen entwickeln können, wird allgemein anerkannt. Wir wissen bereits, daß es durchaus im Sinne der Fiskaltheorie liegt, in solchen Fällen die Übernachfrage einzudämmen: durch Senkung der Staatsausgaben, Erhöhung bestimmter Steuern mit dem Ziel eines Überschusses im Staatshaushalt, der dann zur Tilgung insbesondere solcher Schulden verwendet werden soll, die auf einer Kreditschöpfung basierten, so daß dadurch auch die umlaufende Geldmenge verringert wird.

β) Schwieriger liegt die Frage, wenn angenommen werden muß, daß Preissteigerungstendenzen bereits *mit Annäherung an das Vollbeschäftigungsniveau* auftreten. Dann würde sich u. U. ein Wahlproblem: Vollbeschäftigung *oder* Preisstabilisierung ergeben. Soweit eine Preissteigerungstendenz damit begründet wird, daß infolge einer bestimmten Kostenstruktur die Grenzkosten in Annäherung an die Vollbeschäftigung stark steigen müssen — dieser Annahme war übrigens auch Keynes — ist immerhin darauf hinzuweisen, daß eine Reihe empirischer Forschungen in großen Betrieben in für die vorliegende Frage relevanten Bereichen lineare Gesamtkostenentwicklungen und das heißt konstante Grenzkosten ermittelt haben. Mit anderen Worten: kostenseitig, d. h. aus der technisch bedingten Kostenstruktur, wäre dann eine Preissteigerung als notwendigerweise eintretend nicht begründet. Hansen nennt diesen Tatbestand: „a highly favorable fact for full-employment policy". Das angedeutete Problem würde in diesem Falle nicht existieren, zumindest aber stark an Bedeutung verlieren.

γ) Nun mögen allerdings mit Annäherung an das Vollbeschäftigungsniveau *Engpässe,* d. h. Knappheiten bezüglich spezieller Güter oder produktiver Dienste auftreten, die partielle Preissteigerungen und damit die Gefahr einer allgemeinen Preissteigerung in sich bergen. Da es sich nicht um eine allgemeine, sondern um eine partielle Überbeschäftigung handelt, sind allgemeine Maßnahmen zur Abdämpfung der Konjunktur fehl am Platz, zumindest mit großer Vorsicht zu betrachten. Es kann dagegen versucht werden, durch partielle Maßnahmen die Engpaßbereiche zu fördern. So sind beispielsweise in der Bundesrepublik nach dem Kriege (insbesondere nach der Währungsreform 1948) partielle Steuervergünstigungen für bestimmte entwicklungsmäßig als wichtig bezeichnete Investitionen nicht ohne Erfolg angewendet worden.

δ) Während Engpässe spezielle Knappheiten darstellen, ist eine ernstere Lage dann gegeben, wenn die Ursache der Unterbeschäftigung ein *allgemeiner Mangel* an komplementärer *Kapital*ausstattung einschließlich der Rohstoffe, mit anderen Worten: ein Mangel an Arbeitsplätzen ist. Diese Situation erfordert entsprechende Investitionen (Anlagen und Lagervorräte). Wenn aber die Konsumenten bei dann wachsendem Geldeinkommen nicht bereit sind zu sparen, d. h. auf Konsumtion von Gütern, die zur Zeit in genügendem Maße noch nicht greifbar sind, zu verzichten, so muß bei Marktwirtschaft daraus eine Inflation (Aufbauinflation) folgen. Die Zwangssituation besteht darin, daß der Realkapitalmangel Investitionen erfordert; ungenügende Förderung oder sogar Bekämpfung ausreichender Investitionen zur Erstellung von Arbeitsplätzen sind also der Lage schwerlich angepaßt.

Andererseits aber mag das infolge der Preissteigerungen einsetzende unfreiwillige Zwangssparen in sozialer Hinsicht nicht befriedigen, wie auch die Gefahr einer Inflationsspirale greifbar werden kann, wenn nun die Löhne sich nach oben zu bewegen beginnen. Sieht man sich nach Möglichkeiten der Behebung einer solchen Situation um (außer Senkung der Investitionen und damit Abstoppen des notwendigen Aufbaus), so verbleibt nur die Drosselung des Konsums. Aber auch hier bleiben die Konfliktmöglichkeiten zwischen beschäftigungs- (sowie aufbau-)politischen Zielen und sozialpolitischen Zielsetzungen bestehen. Will man nämlich direkte Kontrollen wie Rationierung, Prioritäten und staatliche Preispolitik aus wirtschaftsordnungspolitischen Gründen nicht einsetzen, und die Konsumtion mit Hilfe von Maßnahmen der leichten Hand, wie etwa durch Erhöhung solcher Steuern, die die Konsumenten belasten (Verbrauchsteuern, Umsatzsteuern), zurückdämmen, so werden vor allem die Empfänger kleinerer Einkommen (die im allgemeinen den unselbständig Beschäftigten zufließen) betroffen. Das aber bedeutet in der weiteren Folge, daß private Investitionen, d. h. eine Vermögensvermehrung bei den Unternehmern, durch „Konsumverzicht" vor allem solcher Kreise ermöglicht werden, die an der Reichtumsbildung nicht beteiligt sind, d. h. trotz erzwungenen Konsumverzichts keine entsprechenden Vermögensansprüche erhalten. Die einzige sozial befriedigende Lösung des Problems besteht darin, die Ersparnis der Konsumenten zu fördern, so daß dem gegenwärtigen Konsumverzicht ein Vermögenszuwachs oder ein später — nach dem „Aufbau" — zu realisierender Mehrkonsum entspricht. Wieweit finanzpolitische Maßnahmen, die in diese Richtung zielen, ohne Zwang auskommen, ist eine andere Frage.

f) Zahlungsbilanz

Im Zusammenhang mit der Vollbeschäftigungs- wie überhaupt jeder die Inlandsbeschäftigung zielmäßig steigernden Politik können sich auch Probleme ergeben, die sich in einer passiven Zahlungsbilanz darstellen. Das um so mehr, wenn es sich um Länder handelt, die in ihrer Nachfragestruktur stark auf den Bezug von Auslandsgütern eingestellt sind. Da die Instrumente zur Behebung solcher Schwierigkeiten insbesondere im handels- und geldpolitischen Bereich liegen, sollen sie nicht in extenso behandelt werden. Immerhin ist zu erwähnen; daß auch hier finanzpolitische Mittel ihren Platz haben können wie — neben zollpolitischen — steuerliche Maßnahmen, welche die Ausfuhr fördern (z. B. Ausfuhr- und Ausfuhrhändlervergütung bei der Umsatzsteuer) oder die Einfuhr belasten (z. B. Ausgleichssteuer bei der Umsatzsteuer), sowie ausfuhrfördernde Prämienzahlungen usw. Davon später im einzelnen. Im übrigen setzt sich heute mehr und mehr die Auffassung durch, daß Probleme wie das vorliegende nicht ohne übernationale Zusammenarbeit gelöst werden können.

g) *Institutionelle Probleme des Mitteleinsatzes*

Nach Klärung all dieser Probleme bleibt last not least die bereits angedeutete Frage der rechtlichen Institutionalisierung: Ist ein fiskalpolitischen Grundsätzen entsprechender Einsatz von Mitteln mit den traditionellen Haushaltsgrundsätzen vereinbar bzw. welche Änderungen sind in diesem Zusammenhang vorzuschlagen?

Kapitel III. Die Ausgaben der öffentlichen Hand

In traditioneller Finanzwissenschaft wurden die Ausgaben vielfach nur als Randproblem betrachtet, ja sogar völlig ausgeschlossen. Fragen der Einnahmenerzielung, insbesondere der Besteuerung, standen im Vordergrund des Interesses. So wurde sogar das „Wesen" der Finanzwirtschaft allein darin gesehen, der Mittelbeschaffung zu dienen für Zwecke, die als solche aus der Diskussion im Rahmen der Finanzwissenschaft auszuschließen wären. Soziologisch ist interessant, daß eine solche Betrachtungsweise eher einzelwirtschaftlicher Stellungnahme als einer volkswirtschaftlichen Betrachtungsweise genügen mag. Durch die Staatsausgaben werden unmittelbar ersichtlich die Belange einzelner Bürger weniger berührt als durch die öffentlichen Einnahmen, insbesondere die Steuern. Hier — anders als bei den Ausgaben — fühlt sich der Zensit als leidender Teil und schenkt den damit zusammenhängenden Problemen naturgemäß regeres Interesse.

Auch da, wo wie bei den Klassikern der Nationalökonomie die Beziehungen zwischen Staatsfinanzen und Wirtschaftsgeschehen durchaus im volkswirtschaftlichen Sinne gesehen und behandelt werden, steht die Einnahmenlehre durchaus im Vordergrund. Typisch dafür ist Ricardo, dessen Hauptwerk: Principles of political economy and taxation (1817) zu mehr als einem Viertel von der Steuerwirkungslehre ausgefüllt wird. Im Rahmen der Klassik finden sich jedoch schon bei Malthus bedeutsame Hinweise auf den Zusammenhang zwischen öffentlichen Ausgaben und Gesamtwirtschaft — ein Zusammenhang, der übrigens den merkantilistischen Schriftstellern durchaus nicht fremd war. Die moderne Wirtschaftswissenschaft, vor allem in der Beschäftigungstheorie, betont, daß heute ein so beträchtlicher Teil des Sozialprodukts seinen Weg über den öffentlichen Sektor nimmt, daß die davon ausgehenden Wirkungen auf Sozialprodukt und Beschäftigung nicht übersehen werden dürfen. Eine nur die Einnahmenseite behandelnde finanzwissenschaftliche Betrachtung würde deshalb an den gegebenen Problemen vorbeidiskutieren. Aber nicht nur die auf die Beschäftigung ausgehenden Wirkungen der öffentlichen Ausgaben sind von Belang, sondern auch die verteilungspolitischen. Es kann dem Wirtschaftspolitiker — und auch ihm hat der Finanzwissenschaftler Vorarbeit zu leisten — nicht gleichgültig sein, wie diese Wirkungen aussehen. Deshalb ist ihre Einbeziehung in die wissenschaftliche Diskussion unumgänglich, wie sie übrigens in der Praxis heute als Diskussionspunkt bereits eine große Rolle spielt.

§ 1. Gliederung der öffentlichen Ausgaben

Zunächst ist eine Übersicht über die wichtigsten Gesichtspunkte zu geben, nach denen traditionellerweise, z. T. auch erst im Rahmen neuerer theoretischer Betrachtung, die Staatsausgaben gegliedert werden können. Bei einigen steht die administrativ-politische Fragestellung im Vordergrund, bei anderen dagegen von vornherein die wirtschaftspolitische. Es soll versucht werden, die Beziehungen zwischen beiden Bereichen, soweit es möglich ist, herauszuarbeiten. Eine Übersicht über die finanzstatistischen Begriffe soll diesen Abschnitt beschließen.

1. Ministerialprinzip

Die Gliederung der Ausgaben nach dem sog. Ministerialprinzip ist institutionell-administrativ orientiert, d. h. hat den Zweck erkennen zu lassen, welche Ausgaben von den einzelnen Verwaltungsbereichen getätigt werden. Sie stellt damit die Frage nach der Verantwortung in den Vordergrund: „Wer gibt das Geld aus und wer trägt gegenüber dem Parlament die Verantwortung?" Es sind somit vor allem verfassungspolitische Gesichtspunkte, die diesem Prinzip seine Bedeutung geben.

Der Haushalt der Bundesrepublik — wie vorher der Reichshaushalt — ist vom Ministerialprinzip geprägt (vgl. Tabelle I). In der Mehrzahl umfassen die Einzelpläne die Einnahmen und Ausgaben — letztere beherrschen in der Regel das Bild — der einzelnen Ministerien. Nur wenige Einzelpläne folgen dem Realprinzip, so unter anderem der Einzelplan Finanzverwaltung, bei dem übrigens die Einnahmen die wesentliche Rolle spielen.

2. Realprinzip

Berücksichtigt die Gliederung nach dem Ministerialprinzip die Frage nach der Verantwortlichkeit, so sind bei einer Gliederung nach dem Realprinpiz sachliche Gesichtspunkte maßgebend. Es kommt darauf an, zu welchen Zwecken die Ausgaben erfolgen. Man spricht in diesem Zusammenhang auch vom Funktionsprinzip. Als Beispiel für eine Gliederung nach dem Funktionsprinzip wird in der Tabelle II eine außerhalb des eigentlichen Bundeshaushaltsplanes für 1957 in den Vorbemerkungen nachrichtlich enthaltene Übersicht wiedergegeben.

3. Einkommenstheoretisches Gliederungsprinzip

Für die einkommenstheoretische Analyse, wie sie in den volkswirtschaftlichen Gesamtrechnungen und Nationalbudgets erfolgt, ist wiederum eine andere Gliederung der Staatsausgaben erforderlich.

Staatsausgaben können getätigt werden, um damit *Güter und Dienste* zu erwerben, sei es für Zwecke des laufenden Verbrauchs oder für Investitionszwecke. Die Nachfrage der öffentlichen Hand erstreckt sich dabei auf einen Teil der in der betreffenden Periode produzierten Güter und Dienstleistungen, des Sozialprodukts. Zusätzliche Ausgaben dieser Art vermehren die aus der Produktion erwachsenden Ein-

Tabelle I Bundeshaushalts
— Aus

Kap.	Bezeichnung
01	Bundespräsident und Bundespräsidialamt ....
02	Deutscher Bundestag ....
03	Bundesrat ....
04	Bundeskanzler und Bundeskanzleramt ....
05	Auswärtiges Amt ....
06	Bundesminister des Innern ....
07	Bundesminister der Justiz ....
08	Bundesminister der Finanzen ....
09	Bundesminister für Wirtschaft ....
10	Bundesminister für Ernährung, Landwirtschaft und Forsten ....
11	Bundesminister für Arbeit ....
12	Bundesminister für Verkehr ....
13	Bundesminister für das Post- und Fernmeldewesen ...
14	Bundesminister für Verteidigung ....
19	Bundesverfassungsgericht ....
20	Bundesrechnungshof ....
24	Bundesminister für wirtschaftliche Zusammenarbeit...
25	Bundesminister für Wohnungsbau ....
26	Bundesminister für Vertriebene ....
27	Bundesminister für gesamtdeutsche Fragen ....
28	Bundesminister für Angelegenheiten des Bundesrates
29	Bundesminister für Familienfragen ....
31	Bundesminister für Atomfragen ....
32	Bundesschuld ....
33	Versorgung ....
35	Verteidigungslasten im Zusammenhang mit dem Aufenthalt ausländischer Streitkräfte ....
40	Soziale Kriegsfolgeleistungen ....
60	Finanzverwaltung ....

[1]) Auszug aus: Gesamtplan des Bundeshaushaltsplans 1957, in: Allgemeine Vorbemerkungen zum Bundeshaushaltsplan für das Rechnungsjahr 1957, S. 22/23.

plan 1957
gaben —[1])

Ordentliche Ausgaben[2]) DM	Außerordentliche Ausgaben[2]) DM	Gesamtausgaben DM
1 789 100	—	1 789 100
31 031 400	—	31 031 400
1 558 800	—	1 558 800
53 717 100	—	53 717 100
242 967 000	19 366 400	262 333 400
699 838 500	—	699 838 500
55 471 100	—	55 471 100
924 608 000	—	924 608 000
114 075 000	—	114 075 000
1 809 663 300	388 500 000	2 198 163 300
8 961 136 300	—	8 961 136 300
2 037 439 600	415 985 000	2 453 424 600
1 059 300	—	1 059 300
9 000 000 000	—	9 000 000 000
2 275 000	—	2 275 000
7 450 200	—	7 450 200
9 123 500	—	9 123 500
919 774 000	908 807 000	1 828 581 000
31 719 600	—	31 719 600
116 198 000	—	116 198 000
616 900	—	616 900
612 800	—	612 800
83 541 500	—	83 541 500
2 088 928 900	—	2 088 928 900
1 492 721 000	—	1 492 721 000
947 274 700	—	947 274 700
3 626 580 700	—	3 626 580 700
2 187 231 600	212 707 300	2 399 938 900
35 448 402 900	1 945 365 700	37 393 768 600

[2]) Zur Gliederung in ordentliche und außerordentliche Ausgaben vgl. § 1, Ziffer 6.

Tabelle II

Funktionen
Gliederung des Bundeshaushalts
Haushalts

Ausgaben (Soll) des Bundes

Aufgabenbereiche
A. Bundespräsident, Gesetzgebung, Bundesregierung ....
B. Auswärtige Angelegenheiten ....
C. Verteidigung (einschl. Luftschutz) ....
D. Öffentliche Sicherheit ....
E. Rechtsschutz ....
F. Innere Verwaltung und allgemeine Staatsaufgaben ....
G. Finanzverwaltung ....
H. Schulen ....
J. Wissenschaft und Forschung ....
K. Kunst, Volksbildung, Heimatpflege und kirchliche Angelegenheiten ....
L. Soziale Sicherung ....
M. Gesundheit, Sport, Jugendpflege ....
N. Ernährung, Landwirtschaft und Forsten ....
O. Wasser- und Kulturbau, Wasserversorgung ....
P. Wirtschaft ....
Q. Verkehr ....
R. Bau- und Wohnungswesen ....
S. Allgemeines Finanzwesen ....

[1]) Auszug aus: Funktionenplan, in: Allgemeine Vorbemerkungen zum Bundeshaushaltsplan für das Rechnungsjahr 1957, S. 78/79.

plan

planes nach Aufgabenbereichen

querschnitt

für das Rechnungsjahr 1957[1])

Ordentliche Ausgaben[2]) Mill. DM	Außerordentliche Ausgaben [2]) Mill. DM	Gesamt-ausgaben Mill. DM
238,7	—	238,7
157,9	—	157,9
9 993,9	—	9 993,9
217,9	—	217,9
24,5	—	24,5
109,3	—	109,3
513,2	—	513,2
23,7	—	23,7
322,6	—	322,6
19,5	—	19,5
11 884,5	—	11 884,5
87,5	—	87,5
1 606,6	253,5	1 860,1
187,3	—	187,3
659,0	167,1	826,1
995,8	125,0	1 120,8
1 912,0	1 299,8	3 211,8
6 494,5	100,0	6 594,5
35 448,4	1 945,4	37 393,8

[2]) Zur Gliederung in ordentliche und außerordentliche Ausgaben vgl. § 1, Ziffer 6.

kommen, d. h. schlagen sich in Gehältern, Löhnen, Gewinnen, Zinsen usw. nieder. Gelegentlich werden diese Ausgaben auch als *Transformationsausgaben* bezeichnet. Diese Einkommen können direkt vom Staat bezogen werden (Löhne und Gehälter der Staatsbediensteten = Personalausgaben) oder via Aufträge an Private (Sachausgaben) zu Einkommen in der privaten Sphäre (Löhne und Gehälter, Zinsen, Unternehmergewinne) werden.

Allerdings gibt es auch Sachausgaben der öffentlichen Hand, die nicht zur Vermehrung der aus Produktion stammenden Einkommen beitragen. So z. B. der Kauf eines Grundstücks durch den Staat. Hier wird kein in dieser Periode erstelltes Produkt, sondern ein vorhandener Vermögensgegenstand umgesetzt. Das Vermögen des Käufers wird in eine andere Form überführt, von der Sach- in die Geldform, d. h. der Verkäufer ist jetzt liquider, nicht aber ist — es sei denn, er realisiert bei dem Verkauf einen Händlergewinn — sein Einkommen gestiegen. Auch wenn der Staat Güter und Dienstleistungen des Auslandes kauft, wird das Inlandseinkommen — bis auf etwa durch inländische Importeure und Händler realisierte Gewinne — nicht berührt.

Auch die sogenannten *Transferzahlungen* bewirken keine Einkommensvermehrung aus produktiver Tätigkeit. Hier gibt die öffentliche Hand Geldmittel aus, ohne daß eine (zumindest nicht augenblickliche) Gegengabe in Form einer Leistung erfolgt. Durch die Ausgabe selbst wird das Sozialprodukt in keiner Weise berührt. Beispiele für Transferzahlungen sind *Unterstützungsleistungen* an Arbeitslose, Invaliden u. a., aber auch Zahlungen von *Staatsschuldzinsen.* In beiden Fällen wird kein zusätzliches Einkommen geschaffen, vielmehr wird das Einkommen lediglich anders — von den Steuerzahlern auf die Empfänger der Transferzahlungen — verteilt. Man spricht hier deswegen auch, im Gegensatz zur Einkommenserzeugung, von Einkommensverschiebung.

Subventionen werden als negative indirekte Steuern behandelt und von ihrer Summe abgesetzt. *Rückzahlungen von Anleihen,* haushaltsrechtlich durchaus eine Ausgabe, bedeuten im Sinne der Einkommensanalyse lediglich die Nichtausgabe von Einnahmeüberschüssen. Sozialprodukt und Einkommen werden unmittelbar nicht berührt. Auch vom Staat an Private *gegebene Kredite* berühren unmittelbar nicht die Einkommensrechnung, möglicherweise jedoch mittelbar, durch Anregung der privaten Unternehmertätigkeit.

In der folgenden Tabelle III werden zunächst die laufenden Ausgaben der Bundesrepublik nach laufenden Käufen von Gütern und Diensten, Einkommensübertragungen, Subventionen und Zinsen auf die öffentliche Schuld untergliedert. Unter dem Sammelbegriff „Nettoersparnis" (Überschuß der laufenden Einnahmen über die laufenden nicht vermögenswirksamen Ausgaben) werden alle die Beträge verzeichnet, die zur Finanzierung öffentlicher Investitionen sowie für die Gewährung von Investitionsdarlehen zur Verfügung standen, aber auch die für den Aufbau der Verteidigung bewilligten, jedoch noch nicht verausgabten Mittel. Bezüglich der Einkommenswirkung bringt dieser Posten weniger Klarheit als die bei den laufenden nicht vermögenswirksamen Ausgaben gegebene Unterteilung. Um hier eine Verbesserung zu erreichen, wäre eine weitere Aufgliederung nötig, die neben den einkommenswirksamen Investitionen auch die einkommensneutralen Ausgaben wie für Grundstückskäufe, vor allem aber auch die geldstillegenden Rückstellungen kenntlich macht.

4. Nutzenzurechnung

In der Diskussion um die Redistributionswirkungen, im übrigen aber auch im Zusammenhang mit internationalen Steuervergleichen gewinnt eine Unterscheidung der öffentlichen Ausgaben in zurechenbare und nicht zurechenbare (divisibles, indivisibles) an Bedeutung. Diese Gliederung knüpft an die Frage an, ob aus den mit Hilfe von Ausgaben finanzierten Staatsleistungen unter wohlstandsökonomischen Gesichtspunkten einzelnen Personen oder Personengruppen Vorteile erwachsen, die ihrer individuellen Versorgung unmittelbar zugute kommen oder nicht. Unter zurechenbaren Leistungen werden solche verstanden, bei denen eine solche

Tabelle III.

Die laufenden Einnahmen
(Bund, Länder, Gemeinden (G.V.), Lastenausgleich
(Vorläufige

Ausgabearten
1. Laufende Einnahmen insgesamt[a]) ....
davon verausgabt für:
2. Laufende Käufe von Gütern und Diensten
a) Besatzungskosten (einschließlich Investitionen) ....
b) Persönliche und sächliche Ausgaben ....
2. a/b zusammen (= Verbrauch von Staatseinlagen) ......
3. Einkommensübertragungen (an Haushalte und Ausland)..
4. Subventionen[b]) ....
5. Zinsen auf die öffentliche Schuld ....
6. Laufende Ausgaben insgesamt[c]) ....
demnach verbleibt:
7. „Nettoersparnis“ des Staates für Investitionen und Rückstellung[d]) ....

Quelle: 8. OEEC-Bericht / Ergebnis der bisherigen Berechnung

a) Steuern und Beiträge, Einkünfte aus Unternehmertätigkeit. Ohne Gebühren, die von den Ausgaben abgesetzt sind.

b) Die Subventionen treten auf der Verwendungsseite des Sozialproduktes nicht in Erscheinung, weil sie auf der Entstehungsseite von den Einnahmen aus indirekten Steuern abgesetzt sind.

und Ausgaben des „Staates"[1])
und Sozialversicherung) in jeweiligen Preisen
Ergebnisse)

Kalenderjahr					
1951		1953		1955	
Mrd. DM	v.H.	Mrd. DM	v.H.	Mrd. DM	v.H.
35,98	100	47,52	100	56,31	100
5,85	16,3	6,17	13,0	6,18	11,0
12,53	34,8	16,28	34,3	19,12	34,0
18,38	51,1	22,45	47,3	25,30	44,9
10,52	29,2	14,56	30,6	16,77	29,8
0,63	1,8	0,06	0,1		
0,76	2,1	0,82	1,7	1,29	2,3
30,29	84,2	37,89	79,7	43,36	77,0
5,69	15,8	9,63	20,3	12,95	23,0

c) Ohne
d) Einschließlich
} aufgestaute Besatzungskosten, die zum jederzeitigen Abruf bereitgehalten werden müssen und daher für anderweitigen Einsatz nicht verfügbar sind.

[1]) Auszug aus: Allgemeine Vorbemerkungen zum Bundeshaushaltsplan für das Rechnungsjahr 1957, S. 119.

Vorteilsverschaffung gegeben und prinzipiell auch ermittelbar angenommen werden kann. Als nicht zurechenbare dagegen werden Leistungen der öffentlichen Hand bezeichnet, bei denen eine solche Zurechenbarkeit nicht möglich erscheint. Dazu sei auf die näheren Ausführungen in § 3, 3 dieses Kapitels verwiesen.

5. Rentable — nicht rentable Ausgaben

Als rentable oder werbende Staatsausgaben werden im Gegensatz zu den sog. nicht rentablen solche bezeichnet, bei denen die Verzinsung und Tilgung der durch sie gebundenen Finanzmittel aus dem Projekt selbst gewährleistet erscheinen. Als Beispiel seien Investitionen in bestimmten öffentlichen Betrieben angeführt, die aus Leistungserlösen ihre gesamten Kosten einschließlich Verzinsung und Tilgung decken können im Gegensatz zu entsprechenden Ausgaben für die Polizei, im Unterrichtswesen usw. Diese Gliederung spielt im Rahmen der traditionellen Deckungsgrundsätze eine wesentliche Rolle. Während für rentable Ausgaben eine Kreditfinanzierung erlaubt erscheint (vgl. die Bestimmung des Artikels 115 des Grundgesetzes der Bundesrepublik Deutschland), wird dagegen in anderen Fällen die Notwendigkeit einer Finanzierung aus ordentlichen Einnahmen, insbesondere aus Steuern, postuliert. Die Problematik dieser Auffassung, auch im Hinblick auf konjunkturpolitische Belange, wird uns noch unten, insbesondere im Zusammenhang mit der Theorie des öffentlichen Kredits (Band IV), beschäftigen.

Die gegebene Definition der Rentabilität, die an die Staatsausgaben den Maßstab der privaten Unternehmungswirtschaft anlegt (J. Jessen), erfordert, da das Kriterium der Rechenbarkeit maßgeblich ist, eine enge Interpretation des „Wirtschaftlichen". Das neben dem Kriterium der Rentabilität oder an dessen Stelle oft verwendete der „Produktivität" erscheint demgegenüber weiter, weil darunter alle möglichen Zielsetzungen, auch nicht rechenmäßig erfaßbare, eingeschlossen werden können. Ausgaben für Spielplätze und Erholungsstätten in Großstädten sind sicher für die öffentliche Hand nicht rentabel im genannten Sinne; da sie jedoch der Gesundheit und damit auch der wirtschaftlichen Leistungsfähigkeit der Bevölkerung dienen, mögen sie als „produktiv" bezeichnet werden. Oder: Auch Ausgaben im Sinne der Beschäftigungsförderung in Depressionszeiten mögen rechenmäßig nicht rentabel erscheinen, dennoch dienen sie der wirtschaftlichen Entwicklung und sind kaum als „unproduktiv" zu bezeichnen.

Hier mag sogar darauf hingewiesen werden, daß durch solche u. a. Ausgaben die Steuerkraft des Landes wachsen mag, so daß die öffentliche Hand auf Grund heutiger Ausgaben später höhere Steuereinnahmen erhält. Auch wenn die getätigten Ausgaben, z. B. für arbeitsbeschaffende Entwässerungsvorhaben, im Sinne der gegebenen Definition nicht rentabel sind, d. h. aus dem Projekt selbst eine Verzinsung und Tilgung aufgenommener Schulden nicht möglich ist, so wären sie doch bei Eintreffen des oben genannten Tatbestands zumindest als „umwegsrentabel" (Tautscher) zu bezeichnen.

Aus diesen Beispielen ersieht man bereits, daß der Begriff „produktiv" sehr dehnbar ist und seine Verwendung letzten Endes darauf hinausläuft, die Sinnhaftigkeit von Staatsausgaben, in welchem Rahmen und Maß auch immer, zum Kriterium zu machen. Ausgaben aber, die dieses Kriterium nicht erfüllen, sei es, daß an der Sinnhaftigkeit des mit den Ausgaben zu erreichenden Zieles oder an der Eignung der Ausgaben zur Erreichung eines als sinnvoll angenommenen Zieles gezweifelt wird, sollten deshalb nicht als unproduktive, sondern entweder als sinnlose oder als unzweckmäßige Ausgaben bezeichnet werden.

6. Ordentliche — außerordentliche Ausgaben

a) Im Zusammenhang mit den im vorigen Punkt 5 angeführten Deckungsgrundsätzen der traditionellen Auffassung ergibt sich auch der Zugang zur Gliederung der Staatsausgaben in ordentliche und außerordentliche insofern, als die Forderung erhoben wird, die ordentlichen Ausgaben durch ordentliche Einnahmen (Steuern, Gebühren, Beiträge, Erwerbseinkünfte) zu finanzieren, während die außerordentlichen Ausgaben durch außerordentliche Einnahmen, in der Regel durch Kredite, als deckungsfähig betrachtet werden: Neben dem Rentabilitätskriterium spielt dabei auch die Frage der *Periodizität* eine Rolle. Es werden nämlich als ordentliche Ausgaben solche betrachtet, die regelmäßig wiederkehrend (periodisch) anfallen, während nicht regelmäßig (aperiodisch) anfallende als außerordentliche bezeichnet werden. Zur Begründung der kreditmäßigen Deckung so definierter außerordentlicher Ausgaben wird etwa angeführt, daß es dadurch möglich wäre, die Last dieser Ausgaben, deren Vorteile auch zukünftigen Finanzperioden zugute kämen, zeitlich zu verteilen.

b) Zu dieser Aussage wurde allerdings das Gegenargument erhoben, daß jede Last realwirtschaftlich gesehen von der Gegenwart getragen würde. Was der Staat heute dem Sozialprodukt entnähme, entfalle auch heute endgültig für die Verwendung zu privaten Zwecken. Die Reichweite dieser Argumentation ist zu untersuchen. Gewiß: Was der Staat heute für seine Zwecke aus dem Sozialprodukt abzweigt, kann in der Tat heute nicht von anderen in anderer Weise verzehrt werden. Aber: Über die endgültige Verteilung der Last ist damit noch nicht allzuviel ausgesagt, wie folgende Überlegung zeigt: Wenn heute Staatsausgaben mit Hilfe von Krediten finanziert werden, so können — nehmen wir vom Publikum gezeichnete Anleihen an — die Kreditgeber weniger verzehren als im Falle der Eigenverwendung der kreditierten Mittel. Insofern könnte man sagen: Sie „tragen die Last“. Im selben Sinne aber kann man sagen, daß sie durch Tilgungen wieder „entlastet“ werden, insofern sie nunmehr konsumieren oder ihr Geld anderweitig verwenden können. Gleichzeitig aber, es sei eine effektive Tilgung durch Steuern angenommen, können jetzt die Steuerzahler, aus deren Leistungen die Rückzahlungen finanziert wurden, weniger konsumieren. Somit scheint die Aussage möglich, daß die endgültige Auflegung der Last erst zu diesen zukünftigen Zeitpunkten vorgenommen würde. Sie ist allerdings noch durch eine Überlegung hinsichtlich der interpersonellen Verteilungswirkung zu qualifizieren: Wenn die Steuerzahler mit den Besitzern der Kredittitel identisch sind, so daß die Tilgungen lediglich Zahlungen darstellen, die „von einer Tasche in die andere Tasche" des gleichen Personenkreises erfolgen, wäre jener erstere Gesichtspunkt ohne große Bedeutung, d. h. über die eigentliche Belastung wäre in der Tat bereits früher entschieden und es würde sich durch die Rückzahlung nichts ändern. Besteht jedoch diese Identität nicht, d. h. müssen die Steuern voll oder zum Teil von anderen Staatsbürgern als den Anleihebesitzern aufgebracht werden, so erfolgt die endgültige Auferlegung der Last in der Tat erst in jenen künftigen Zeitpunkten.

Somit ist es klar, daß erst eine strukturelle Betrachtung die Entscheidung über die vorliegende Gegenargumentation bringen kann.

c) Weiterhin wurde argumentiert, daß, wenn auch außerordentliche Ausgaben im individuellen Fall als solche einmalig wären, dafür im nächsten und den folgenden Jahren möglicherweise andere oder sogar ähnliche „einmalige" Ausgaben anfallen würden, so daß dann periodisch wiederkehrend solche „aperiodischen" Ausgaben zu vollziehen wären. Deshalb wären obige Gliederungsbegründung und die ihr folgenden Aussagen über die Deckungsgrundsätze als solche fragwürdig.

Dieses Argument ist, obwohl nicht generell, so doch im einzelnen Fall durchaus beachtlich. Seine Durchschlagskraft hängt davon ab, inwiefern der genannte Tatbestand tatsächlich zutrifft und auch davon, wenn man auf Fehlentscheidungen hinsichtlich anderer finanzpolitisch relevanter Ziele aus einer falschen Anwendung des Prinzips anspielt, welche *Nebenbedingungen* vorliegen. Das wird sich an einem im nächsten Absatz zu zeigenden Beispiel erweisen.

d) Eine gewisse, mehr auf die politische Routine abzielende Skepsis hat sich in dem bekannten Satz niedergeschlagen, daß in der Praxis über die Einordnung von Staatsausgaben in die Kategorie der ordentlichen oder außerordentlichen letztlich doch das Parlament die Entscheidung träfe. Eine solche Entscheidung aber sei oft von der Finanzlage und auch insofern von den Interessen der von den parlamentarischen Gruppen Vertretenen abhängig, als diese geneigt oder abgeneigt wären, zusätzliche Ausgaben durch Steuererhöhungen zu decken oder aber den Ausweg über außerordentliche Einnahmen (Kredite) zu wählen[1]).

Ein prägnantes Beispiel — zugleich für die unter c) angedeutete Frage — ist die vom damaligen Staatssekretär der Finanzen, Helfferich, initiierte Reichshaushaltspolitik in den ersten Jahren des ersten Weltkrieges, auch die Teile des Wehrhaushalts, die bisher im ordentlichen Haushalt eingestellt waren, nunmehr in den außerordentlichen Haushalt zu übernehmen mit der Zielrichtung, den ordentlichen Haushalt zu entlasten und somit der Notwendigkeit einer Erhöhung der Steuerlast zu entgehen. Hier ist sofort darauf hinzuweisen, daß im Falle der Kriegsfinanzierung mit ihrem außergewöhnlich starken Ansteigen der Ausgaben eine grundsätzliche Besinnung auf die wirtschaftlichen, insbesondere Geldwertfragen, einsetzen muß: Wie kann die infolge des Anwachsens der gesamten Nachfrage (Staatsnachfrage plus der von ihrer Steigerung ausgehenden Einkommenserhöhung und daraus folgenden Steigerung der privaten Nachfrage nach Konsum- und Investitionsgütern) bei relativ unelastischem Angebot drohende Inflationsgefahr neutralisiert werden? Das ist ein Problem, wie es von der modernen Fiskalpolitik gestellt wird. Die Situation erfordert Verstär-

---

[1]) Die Kriterien dafür, was als ordentliche oder als außerordentliche Ausgaben gelten soll, mögen von vornherein einnahmebestimmt sein. So bestimmt § 3, 2 der Reichshaushaltsordnung: In den ordentlichen Haushalt gehören die regelmäßigen Einnahmen des Reiches (ordentliche Einnahmen) und die aus ihnen zu bestreitenden Ausgaben (ordentliche Ausgaben), in den außerordentlichen Haushalt die Einnahmen aus Anleihen (außerordentliche Einnahmen) und die aus ihnen zu bestreitenden Ausgaben . . . (außerordentliche Ausgaben). „Die Unterscheidung ist also primär einnahme- insbesondere anleiheorientiert; ein und dieselbe Ausgabeart kann mithin das eine Mal im ordentlichen, das andere Mal im außerordentlichen Haushaltsplan stehen. Kreditaufnahme ist freilich nach Artikel 115 GG (wie nach der Weimarer Verfassung) ‚nur bei außerordentlichem Bedarf und in der Regel nur für Ausgaben zu werbenden Zwecken' (auf Grund eines Gesetzes) erlaubt. Für die Verbuchung von Ausgaben gibt es nach alledem keine absolute Norm." (Fritz Terhalle, Handbuch der Finanzwissenschaft[2], III, S. 146.)

kung der ordentlichen Einnahmen, insbesondere aus Steuern, um Kaufkraft stillzulegen, damit das Gleichgewicht zwischen Nachfrage und Angebot nach Möglichkeit erhalten bleibt. Die tatsächlich erfolgte vorzügliche Finanzierung der Staatsausgaben aus Krediten, insbesondere der aus Schöpfungskrediten, hat dagegen das Gleichgewicht gestört und eine ständig wachsende Inflationslücke aufgerissen. — Immerhin, es ist zu zeigen, daß bei vorliegender Problemkonstellation auch Überlegungen im Sinne des Periodizitätskriteriums zur gleichen Schlußfolgerung geführt hätten. Denn: Hätte man sich darüber Klarheit verschafft oder verschaffen wollen, daß die zusätzliche Ausgabenbelastung in und vor allem noch lange nach dem Kriege in Wirklichkeit eine langdauernde sein würde, so hätte man auch erkennen müssen, daß das Kriterium der periodischen Wiederkehr durchaus erfüllt war und eine verstärkte Steuerfinanzierung in Anwendung der Deckungsgrundsätze durchaus am Platze gewesen wäre.

Wenn eben ein Beispiel gegeben wurde, bei dem das fiskalpolitische und das Periodizitätsprinzip zur gleichen Lösung führte, so sind gewiß auch Beispiele denkbar, bei denen sich die verschiedenen Zielsetzungen nicht decken mögen: Eine Antiinflationspolitik im Falle einer überhitzten Konjunktur mag, um heute Kaufkraft endgültig abzuschöpfen, auch für solche Projekte, die späteren Generationen zugute kommen, eine Finanzierung durch Steuern ratsam erscheinen lassen. Einer rigorosen Anwendung des Prinzips der zeitlichen Lastenverteilung mögen somit andere wirtschaftspolitische Zielsetzungen durchaus im Wege stehen können. Eine Aussage solcher Art bringt jedoch nichts grundsätzlich Neues. Zwischen Zielen, wenn sie nicht kompatibel sind, muß gewählt werden. Um aber wählen zu können, müssen die Tatbestände, zwischen denen eine Wahl erfolgen soll, zunächst klar herausgearbeitet werden. Insofern hat die vorliegende Gliederung der ordentlichen und außerordentlichen Ausgaben nach dem Kriterium der zeitlichen Lastenverteilung durchaus ihre Berechtigung auch weiterhin. Nur darf sie nicht — eine Wiederholung! — absolut gesetzt werden.

7. Finanzstatistische Gliederung

Die Finanzstatistik ist bemüht, die Ausgaben der öffentlichen Hand möglichst vollständig zu erfassen, übersichtlich zu gliedern und nach Möglichkeit zeitlich und regional vergleichbar zu machen. Sie hat dabei keine eigenen, die zu erfassende Materie in ihrer Eigenart betreffenden Fragestellungen. Sie versucht vielmehr, die unter finanzrechtlichen und/oder finanzwirtschaftlichen Gesichtspunkten als zweckmäßig erkannten Gliederungen zahlenmäßig zu verwirklichen.

Als Material stehen der Finanzstatistik die nach Haushaltsrecht von den öffentlichen Finanzwirtschaften aufzustellenden Haushaltspläne (Sollzahlen) und Haushaltsrechnungen (Istzahlen) zur Verfügung. Diese sind in eine Vielfalt von Posten aufgeteilt, aus denen die Finanzstatistik im wesentlichen durch Gruppenbildung den verschiedenen Fragestellungen zu genügen versucht. Hieraus ist bereits ersichtlich, daß — soweit nicht unmittelbar statistischen Zwecken dienende Erhebungen vorgenommen werden (und diese bilden die große Ausnahme) — die Statistik die im Haushaltsrecht liegenden Grenzen nicht überspringen kann.

Die amtliche Statistik der öffentlichen Ausgaben in der Bundesrepublik beruht in erster Linie auf den Haushaltsrechnungen, bezieht sich also auf Istwerte. Sie gliedert zunächst nach Gebietskörperschaften verschiedener Ordnung, so Bund, Ländern, Gemeinden und Gemeindeverbänden. Da die Stadtstaaten mit Länderverfassung weder den eigentlichen Ländern noch den Gemeinden finanzwirtschaftlich zu vergleichen sind, werden sie als besondere Gruppe zusammengefaßt: Hansestädte und Berlin (West).

Die statistische Darstellung der öffentlichen Ausgaben geht, im Anschluß an das Bruttoprinzip des Haushaltsrechts, von den *Bruttoausgaben* aus. Nicht dazugerechnet werden, da außerhalb der eigentlichen Finanzwirtschaft liegend, durchlaufende Gelder, Verwahrgelder, Vorschüsse und Finanzvorgänge, die ausschließlich den Vermögensverkehr berühren (z. B. Veränderungen in der Form der Vermögensanlage). In dem Versuch, durch Zusammenfassung der in den einzelnen Haushaltsrechnungen der Gebietskörperschaften enthaltenen Ausgaben zu Gesamtwerten für alle von Hoheits- bzw. Kämmereiverwaltungen getätigten Ausgaben zu kommen, hat die deutsche Finanzstatistik eigene Begriffe ausgebildet. Eine einfache Summierung aller Ausgaben, die bei den Verwaltungszweigen der Hoheits- bzw. Kämmereiverwaltungen verzeichnet sind, hat nämlich nur einen geringen Aussagewert, da durch Zahlungen innerhalb derselben und zwischen Gebietskörperschaften Doppelzählungen enthalten sind. Um eine entsprechende Bereinigung der Werte müht sich die Finanzstatistik. So werden zunächst von den Bruttoausgaben die jeweils innerhalb des Haushaltes einer Gebietskörperschaft zwischen Verwaltungszweigen geleisteten Erstattungen abgezogen, d. h. die Ausgaben für die Erfüllung einer Aufgabe innerhalb einer Gebietskörperschaft werden nur dort erfaßt, wo sie endgültig Ausgaben bleiben. Auch Zuweisungen, Schuldenaufnahmen und Darlehensrückflüsse von Gebietskörperschaften gleicher Art stören im Zuge der Zusammenfassung das Bild der Gesamtausgaben. Werden sie ebenfalls von den Bruttoausgaben abgesetzt, so bezeichnet die amtliche Finanzstatistik diese Ausgabensumme als *bereinigte Ausgaben* (unmittelbare Ausgaben). Sie zeigen für den Bereich der Hoheitsverwaltungen/Kämmereiverwaltungen an, welche Gebietskörperschaft die Aufgaben durchführt. Werden darüber hinaus von diesen Beträgen noch Zuweisungen, Schuldenaufnahmen und Darlehensrückflüsse von Gebietskörperschaften anderer Art abgesetzt, so werden die Ausgaben deutlich, die für die Erfüllung der Aufgaben aller Gebietskörperschaften letztlich erfolgt sind. In den Einzelwerten kommt die reine Belastung der einzelnen Gebietskörperschaften mit Ausgaben für die verschiedenen Aufgabengebiete zum Ausdruck. Die so berechneten Ausgaben werden *Eigenausgaben* genannt oder — mit Blick auf die Einnahmenseite, der notwendigen Deckung der Ausgaben — als *Reiner Finanzbedarf* bezeichnet.

Innerhalb dieser Gruppierung nach Gebietskörperschaften und bereinigten Ausgaben bildet die amtliche Finanzstatistik aber noch vielfach Untergruppen der Ausgaben, z. B. nach „Verwaltungszweigen" (Aufgabengebieten), etwa für den Bund: Politische Führung und zentrale Verwaltung; Öffentliche Sicherheit und Ordnung; Rechtspflege; Schulen, Wissenschaft, Kunst, Volksbildung, Kirche; Sozialwesen; Bau- und Wohnungswesen, Wirtschaft und Verkehr; Erwerbsvermögen (soweit den Hoheitsverwaltungen zugerechnet); Verteidigung, Kriegsfolgelasten (ohne soziale); Schuldendienst. Aber auch vermögenswirksame und vermögensunwirksame Ausgaben werden zusammengestellt sowie die Personalausgaben gesondert ausgewiesen.

§ 2. Beschäftigungswirkungen der öffentlichen Ausgaben

Aus dem Kreislaufzusammenhang der Wirtschaft folgt, daß den Ausgaben des Staates Einnahmen bei den Empfängern der ausgegebenen Mittel entsprechen. Über die unterschiedliche Bedeutung der verschiedenen Ausgabearten: Ausgaben zwecks Kauf von Gütern und Dienstleistungen (Transformationsausgaben), die unmittelbar das Sozialprodukt und die Beschäftigung berühren und Transferzahlungen, welche diese unmittelbare Beziehung nicht aufweisen sowie über die Behandlung der Subventionen und über weitere Arten von Ausgaben, die für die Beschäftigungsanalyse ohne Bedeutung sind, wurde bereits oben, im Zusammenhang mit der Gliederung der Staatsausgaben, gesprochen. Nunmehr soll die Theorie der Einkommens- und Beschäftigungswirkungen der Staatsausgaben in ihrem weiteren Ausbau gezeigt werden. Sie geht im Sinne der Grenzanalyse so vor, daß die Bedeutung zusätzlicher Ausgaben untersucht wird. Es werden dabei primäre, sekundäre und tertiäre Wirkungen unterschieden.

Vorweg ist noch zu bemerken: Zwischen den öffentlichen Ausgaben und den Einnahmen der öffentlichen Hand bestehen gewisse Zusammenhänge, zunächst politisch-institutioneller Art, die bei der Aufstellung des Haushalts eine wesentliche Rolle spielen. Aber auch wirtschaftliche, in der Interdependenz der Wirtschaftsgrößen beruhende, Beziehungen sind vorhanden. So werden in aller Regel die Steuererträge wachsen (sog. „Konjunkturempfindlichkeit" der Steuererträge), wenn Volkseinkommen und Beschäftigung infolge zusätzlicher Ausgaben öffentlicher Körperschaften ansteigen. Andererseits wird das Wachsen der Steuererträge die den Privaten nach Abzug der Steuern verbleibenden Zusatzeinkommen kürzen, damit deren Zusatzausgaben, und wird somit auf die gesamte zusätzliche Nachfrage nach Gütern und Diensten eine gewisse „dämpfende" Wirkung haben. Das wurde bei der Behandlung der beschäftigungspolitischen Zielsetzungen bereits erwähnt. — Im folgenden sollen diese Zusammenhänge zunächst vernachlässigt werden. Weiterhin aber: Es soll fingiert werden, daß die zusätzlichen öffentlichen Ausgaben, deren Einkommens- und Beschäftigungswirkungen zu untersuchen sind, nicht aus Steuermitteln, sondern durch zusätzliche Kreditschöpfung finanziert werden. Das ermöglicht eine aus didaktischen Gründen wünschbare Vereinfachung der zunächst darzustellenden Probleme. In späteren Kapiteln wird die Fragestellung durch eine Einbeziehung der Steuerfinanzierung zusätzlicher Ausgaben sowie durch Berücksichtigung der Konjunkturempfindlichkeit der Steuern erweitert werden.

1. Primäre Wirkungen

Unter primären Beschäftigungswirkungen zusätzlicher Staatsausgaben versteht man die Wirkungen, die sich daraus ergeben, daß der Staat Güter und Dienste in Anspruch nimmt, d. h. „kauft". Das ist unmittelbar der Fall bei den Personalausgaben: Staatsbedienstete werden beschäftigt und beziehen Einkommen. Auch Beschäftigung und Einkommensbezug in den Betrieben, von denen die öffentliche Hand Güter und/oder Dienstleistungen kauft, gehören hierher; weiterhin Beschäftigung und Einkommensbezug in den Betrieben, die den unmittelbar an den Staat liefernden Betrieben Zulieferungen leisten, deren Lieferanten usw., somit die Beschäftigung in all diesen Betrieben, soweit sie zur Erfüllung der zur Diskussion stehenden öffentlichen Aufträge erfolgt.

Primärwirkungen auf Beschäftigung und produktives Einkommen (Gehälter, Löhne, Zinsen, Gewinne usw.) können dementsprechend nur bei Transformationsausgaben, nicht aber bei Transferzahlungen, die ohne Gegenleistung erfolgen, angenommen werden; hier fließen zwar privaten Wirtschaftseinheiten ebenfalls Mittel zu, jedoch wird dadurch die Beschäftigung unmittelbar nicht vermehrt. Ihre primäre Beschäftigungswirkung ist demnach gleich Null. Bei den Transformationsausgaben wird zunächst eine Primärwirkung der Größenordnung eins angenommen, d. h. es wird unterstellt, daß jede zusätzliche Einheit öffentlicher Ausgaben sich in einer gleich großen, durch das Einkommen definierten zusätzlichen Beschäftigungseinheit niederschlägt. Die Diskussion dieser Annahme erfolgt in Punkt 4 dieses § 2.

2. Sekundäre Wirkungen

Mit den primären Wirkungen hat das Spiel aber noch kein Ende. Unter der vorläufigen Annahme, daß in den Betrieben keine Gewinne zurückgehalten werden, kann das gesamte zusätzliche Primäreinkommen als voll den Haushaltungen zufließend behandelt werden. Dazu treten die Transferzahlungen. Wird, wie bereits betont, die Besteuerung vernachlässigt, so bildet diese aus zusätzlichen Transformations- und Transferausgaben gebildete Summe in vollem Umfange zusätzliches verfügbares Einkommen der Haushalte ($\triangle E_v$). Davon wird in aller Regel ein Teil zu Konsumzwecken ausgegeben ($\triangle C$). Die Quote, die von den zusätzlich verfügbaren Einkommen zu Konsumzwecken verwendet wird, nennt man die marginale oder Grenzkonsumquote $\left(\frac{\triangle C}{\triangle E_v}\right)$. Diese Quote wollen wir in vereinfachter Schreibweise mit b bezeichnen. Sie wird, unter der Annahme, daß nur ein Teil des Zusatzeinkommens zu Konsumzwecken ausgegeben, ein anderer Teil jedoch gespart wird, kleiner als 1, jedoch größer als 0 sein, so daß gilt: $0 < b < 1$.

Nun ist evident, daß die zusätzlichen Konsumausgaben, da sie Käufe von Gütern und Diensten, d. h. von Teilen des

Sozialprodukts bedeuten, wiederum zusätzliche Beschäftigung und damit Zusatzeinkommen hervorrufen; daran schließen sich gemäß oben gemachter Annahme einer Konsumneigung, die größer als null ist, wiederum Konsumgüterkäufe an, diese haben zusätzliche Beschäftigung und zusätzliches Einkommen zur Folge usw. Mit anderen Worten: es zeigen sich neben den primären weitere Wirkungen der Staatsausgaben auf die Beschäftigung und das Volkseinkommen, die als Sekundärwirkungen bezeichnet werden. Primäre und sekundäre Wirkungen zusammen genommen machen die gesamten sogenannten *Multiplikator*wirkungen zusätzlicher Staatsausgaben aus. Ihre Größe hängt somit *einmal* von der Art der Staatsausgaben ab: herrschen Güter- und Dienstleistungskäufe oder Zahlungen ohne Gegenleistungen (also Transformations- oder Transferzahlungen) vor — bei letzteren entfallen die primären Wirkungen, lediglich die sekundären sind von Bedeutung — zum *anderen* von der Größe der marginalen Konsumquote (evtl. auch ihrer Veränderung).

3. Der Staatsausgabenmultiplikator

Ein sehr einfaches Modell soll das eben Gesagte quantitativ verdeutlichen. Seien E das Sozialprodukt = Volkseinkommen, I die von privaten Wirtschaftseinheiten durchgeführten Investitionen, C die Konsumausgaben der privaten Haushaltungen, A_{st} die Staatsausgaben für Güter und Dienstleistungen (Transformationsausgaben). Dann kann das Volkseinkommen wie folgt definiert werden:

(1) $E = I + C + A_{st}$

I wird in der folgenden Analyse als eine gegebene (autonom bestimmte) Größe angenommen. Die Auflösung dieser Voraussetzung erfolgt im Zusammenhang mit der Behandlung der sogenannten tertiären Wirkungen zusätzlicher Staatsausgaben. Die Höhe der Konsumausgaben C soll dagegen durchgehend in bestimmter Weise von den verfügbaren Einkommen der Haushalte E_v abhängig sein. Die Gleichung $C = C\ (E_v)$ soll diese Beziehung ausdrücken.

Diese sogenannte Konsumfunktion läßt sich bei Berücksichtigung der Ergebnisse empirischer Forschung durchaus in linearer Form ausdrücken, so daß geschrieben werden kann:

(2) $C = a + bE_v$, wobei $0 < b < 1$

Das den Haushalten zur Verfügung stehende Einkommen E_v läßt sich errechnen, wenn man — weiterhin unter Vernachlässigung der Steuern — zum Volkseinkommen die Transferzahlungen (T_r) addiert: $E_v = E + T_r$. Unter Benutzung dieser Gleichung gewinnt die Konsumfunktion folgende Gestalt:

(2a) $C = a + bE + bT_r$

Setzt man diese Beziehung in (1) ein, so erhält man die Bedingungsgleichung

(3) $E = I + A_{st} + a + bE + bT_r$

Sie macht es möglich zu ermitteln, wie groß das Volkseinkommen sein müßte, damit bei gegebenen Investitionsausgaben I, Staatsausgaben A_{st} und Transferzahlungen T_r die gesamte Nachfrage einschließlich der vom Einkommen abhängigen Konsumtionsnachfrage dem Sozialprodukt gleich ist. Die Ausrechnung dieser Gleichgewichtsgröße aus der Gleichung (3) ergibt

(4) $E = \frac{1}{1-b} I + \frac{1}{1-b} A_{st} + \frac{a}{1-b} + \frac{b}{1-b} T_r$

Die gestellte Frage nach der Größe der Multiplikatorwirkungen kann nun gelöst werden, indem man die Staatsausgabengrößen A_{st} bzw. T_r als Parameter betrachtet und um die Einheitsgröße $\triangle A_{st}$ bzw. $\triangle T_r$ variiert. Das Ergebnis zeigt dann, um wieviel das Gleichgewichtseinkommen durch diese Zusatzausgaben verändert wird. Dabei ist sofort zu bemerken, daß nichts über den zeitlichen Ablauf des Multiplikatorprozesses ausgesagt wird; auch ist das langfristige Wachstum dabei nicht berücksichtigt. Die Einbeziehung auch dieser Zusammenhänge könnte nur durch eine kompliziertere Art der Betrachtung, nämlich die dynamische Analyse, erfüllt werden. Hier, bei statischer Betrachtung, werden nur die Gleichgewichtsgrößen, denen die Variablen des Modells bei gedachter störungsfreier Entwicklung zustreben würden, ermittelt. Unter diesen Voraussetzungen ergibt sich bei einer Erhöhung der Staatsausgaben für Güter und Dienste A_{st} um $\triangle A_{st}$ (alle anderen Größen der rechten Seite der Gleichung (4) als gleichbleibend angenommen) die folgende Erhöhung $\triangle E$ des Volkseinkommens E:

$$(5)\quad \Delta E = \frac{1}{1-b} \Delta A_{st}$$

Die Größe $\frac{1}{1-b}$ wird dabei der „Multiplikator" genannt, der in seiner Größe von der marginalen Konsumquote b abhängig ist; sei diese einfacher Rechnung halber mit $\frac{3}{4}$ angenommen, so ergibt sich für den Multiplikator die Größe $\frac{1}{1-\frac{3}{4}} = 4$; d. h., eine Einheit zusätzlicher Transformationsausgaben wird einen Effekt auf das Gleichgewichtsvolkseinkommen E haben, das dem Vierfachen der Ausgabeneinheit entspricht. Bei anderen Größen von b ergeben sich andere Multiplikatorgrößen.

Die Tatsache, daß bei den Transferausgaben die primären Wirkungen fehlen, wirkt sich auf den solchen Ausgaben zuzuordnenden Multiplikatorwert aus. Bei einer Erhöhung der Transferzahlungen T_r um $\triangle T_r$ ergibt sich (wiederum alle anderen Größen der rechten Seite der Gleichung (4) als gleichbleibend angenommen) als Wert des zusätzlichen ΔE des Volkseinkommens E:

$$(6)\quad \Delta E = \frac{b}{1-b} \Delta T_r$$

Wird die marginale Konsumquote b auch jetzt als mit $\frac{3}{4}$ annähernd richtig wiedergegeben angenommen, ergibt sich für den Multiplikator zusätzlicher Transferzahlungen die Größe $\frac{\frac{3}{4}}{1-\frac{3}{4}} = 3$. Sie ist demnach im gegebenen Zahlenbeispiel um eine Einheit kleiner als bei den Transformationsausgaben. Das gilt jedoch auch, unter Annahme gleicher marginaler Konsumquoten, ganz allgemein, da

$$\frac{1}{1-b} - \frac{b}{1-b} = \frac{1-b}{1-b}, \text{ also gleich } 1.$$

Würde man eine gegenüber der allgemeinen höhere marginale Konsumquote im Falle von Transferzahlungen annehmen, so würde das Ergebnis variiert. Jedoch nur in dem Falle, wo diese Quote die Einheit erreicht, wäre es grundsätzlich verändert, wie eine Einsetzung unterschiedlicher marginaler Konsumquoten in Gleichung (3) und nachfolgende Errechnung zeigt. Jedoch ist diese Annahme insofern nicht real, als angenommen werden kann, daß Transferzahlungen vielfach auch von solchen Haushaltungen empfangen werden (Kindergeldzahlungen, Unterstützungszahlungen an ein Haushaltsmitglied, während andere in Arbeit stehen), die auch Einkommen aus produktiver Tätigkeit beziehen. Es ist in diesem Falle nicht einzusehen, warum die marginale Konsumquote bei zusätzlichem Einkommen aus der einen Einnahmequelle wesentlich größer sein soll als aus einer anderen.

4. Verfeinerungen der Multiplikatortheorie

Soweit die einfache Multiplikatortheorie der Staatsausgaben. Sie ist — nicht nur wegen der Vernachlässigung der Steuergrößen — in keiner Weise vollständig, wenn man an ihre Anwendung als analytisches Instrument zur Lösung von konkreten Problemen denkt.

a) Wir wissen bereits, daß die Multiplikatorwirkungen der Staatsausgaben unterschiedlich anzuschlagen sind, je nachdem, ob es sich um Transformations- oder Transferzahlungen handelt, weil bei Transferzahlungen die primären Wirkungen entfallen. Aber auch die primären Wirkungen zusätzlicher, das Sozialprodukt berührender öffentlicher Ausgaben, z. B. für Investitionen, sind nicht immer in voller Höhe anzuschlagen, d. h. sind nicht der Einheit zusätzlicher Ausgaben gleich. Einmal sind die mit dem Vorhaben verbundenen zusätzlichen Importe aus dem

Auslande oder, im Falle lokal begrenzter Beschäftigungspolitik, die Warenbezüge aus anderen Bezirken des Landes zu berücksichtigen. In solchen Fällen fließt ein Teil der ausgegebenen Mittel in das „Ausland“ ab, das primäre Inlandseinkommen wird geschmälert. Die sogenannten Repercussionswirkungen (positive Rückwirkungen auf die Inlandsbeschäftigung, die sich aus Zusatzexporten in das durch die Zusatzaufträge in seiner Einkommens- und Nachfragesituation begünstigte Ausland ergeben mögen) aber sind ungewiß. Zum anderen, ein Teil der Unternehmergewinne mag in den Betrieben zurückgehalten werden, fließt demnach nicht den Haushaltungen zu. Die damit u. U. finanzierten Betriebsinvestitionen stehen an dieser Stelle der Analyse noch nicht zur Debatte. Sie gehören zu den sogenannten tertiären Wirkungen, von denen erst im nächsten Abschnitt die Rede ist.

Wir haben bisher die Steuern voraussetzungsgemäß aus der Betrachtung ausgeschlossen. Würden wir diese Voraussetzung auflösen, so wären sowohl die von den Betrieben in der Form von Kostensteuern als auch die von den Haushaltungen zu zahlenden Steuern kürzend in Rechnung zu stellen. Da andererseits die für die folgende Darstellung wesentlichen Bezüge davon nicht berührt werden, kann es zunächst weiterhin bei der gegebenen Vereinfachung bleiben.

b) In allen diesen Fällen ist somit die Multiplikatorwirkung geringer als aus dem vereinfachten Modell zu schließen wäre. Betrachtet man die Wirkungen auf die Beschäftigung in engerem Sinne (Beschäftigung von Arbeitern, Angestellten, Beamten, sog. fremdbestimmte Arbeit), so ergeben sich möglicherweise weitere Abweichungen gegenüber solchen Überlegungen bei denen das Wirken aller an der Produktion beteiligten Kräfte einschließlich der Unternehmer, Kapitalgeber usw. betrachtet wird, mit anderen Worten: die „Beschäftigung“ in Verbindung mit dem gesamten Volkseinkommen einschließlich der Unternehmereinkommen und reinen Besitzeinkommen gesehen wird. Die im folgenden vorgenommene Trennung hat insofern für die Einkommensanalyse Bedeutung, als angenommen werden darf, daß die marginale Verbrauchsneigung der in funktionalem Sinne unterschiedenen Einkommensklassen unterschiedlich groß ist und deshalb als ein die Multiplikatorwirkung beeinflussendes Moment angenommen werden muß.

Die primäre Beschäftigungswirkung i. e. S. wird einmal durch den Prozentsatz der Arbeitseinkommen an den zusätzlichen Staatsausgaben indiziert. Natürlich werden auch die restlichen Ausgaben für Materialien usw. Beschäftigung (sog. indirekte Beschäftigung) hervorrufen. Jedoch ist diese Wirkung davon abhängig, in welchem Maße in den Zulieferungsgewerben zusätzliche Arbeitskräfte beschäftigt werden oder nur eine bessere Nutzung vorhandener Arbeitskräfte erfolgt; die Besoldung von Arbeitskräften stellt ja in kurzfristiger Sicht z. T. durchaus einen konstanten Kostenanteil (Stammarbeiter) dar, der bei geringer Auftragserhöhung nicht unbedingt wachsen muß. Gleichermaßen, im Falle kapitalintensiver Arbeiten, in welchem Maße entsprechend der in die Kosten eingehenden Abschreibungen für Abnutzung der Kapitalgüter Ersatzinvestitionen durchgeführt werden oder nicht. Ferner, in welchem Maße gelieferte Produkte oder verbrauchte Vorprodukte neu erstellt bzw. bestellt oder nur dem Lager entnommen werden. In dem Maße, wie die empfangenen Mittel nur Kapital verflüssigen, nicht weitergegeben, sondern liquide gehalten bzw. zu Schuldrückzahlungen verwendet werden, ist außer den oben genannten (Importe, Unternehmersparen, u. U. Steuern) ein weiterer Abfluß bei den primären Wirkungen hinsichtlich der Beschäftigung in Rechnung zu stellen. Dies ist deshalb als wesentlich zu beachten, weil dieser Abfluß abhängig ist von der konjunkturellen Lage und ihrer Beurteilung durch die Unternehmer. So mögen — insbesondere in Depressionszeiten — zusätzliche Staatsausgaben z. T. „versickern“ und erst ihr fortgesetzter Zufluß mag dann die erwünschten Beschäftigungswirkungen annähernd erbringen, indem nun Wiederauffüllung der Läger, Ersatz verbrauchten Realkapitals usw. einsetzen. Es ist dabei durchaus darauf hinzuweisen, daß andererseits in einer Periode der Voll- oder sogar der Überbeschäftigung umgekehrt infolge von Lagerauffüllungen, die über den laufenden Abgang hinausgehen, die gesamte Nachfrage und damit die primären Beschäftigungswirkungen sogar noch über das im Modell zu ermittelnde Maß hinausgehen können.

Über die Beschäftigungswirksamkeit (employment efficiency) der Ausgaben für öffentliche Investitionen gibt es Untersuchungen, deren Resultate naturgemäß zeit- und ortsbedingt sind, die aber ihrer Fragestellung nach als Modelle für Überlegungen im speziellen Fall dienen können. Die folgenden Beispiele sind dem Buch von Benjamin Higgins, Public Investment and Full Employment, 1946, entnommen. Sie beziehen sich auf das bei verschiedenen Typen öffentlicher Investitionen vorliegende Verhältnis zwischen direkten Arbeitskosten und anderen Kosten (Tabelle IV) wie auf die jeweilige Verteilung zwischen direkter und indirekter Arbeit sowie die gesamte zusätzliche Beschäftigung je aufgewandter Ausgabeneinheit (Tabelle V); weiterhin ist auch untersucht worden, welche Unterschiede in diesen Verhältnissen bestehen, wenn Arbeiten durch die öffentliche Hand in eigener Regie oder durch beauftragte private Firmen durchgeführt werden (Tabelle VI).

Aus Tabelle IV kann z. B. entnommen werden, daß im vorliegenden Untersuchungsfalle die auf direkte Arbeitskosten entfallenden Ausgaben im Verhältnis zu den gesamten Ausgaben am höchsten waren bei Wohnungsbauten, dem Bau von Schulen, Fabrikgebäuden und der Urbarmachung, während dieser Kostenanteil am niedrigsten bei der Erstellung von Asphaltstraßen war. Auf die Frage nach dem Verhältnis zwischen indirekter und direkter Arbeit sowie bezüglich der gesamten Beschäftigungswirksamkeit je aufgewandter Ausgabeneinheit bei verschiedenen Arten von Bauvorhaben gibt die Tabelle V für den untersuchten Fall die Antwort, daß der Anteil der indirekten Arbeit besonders hoch war bei Urbarmachungen, Bau von Wasserversorgungsanlagen, Lufthäfen und Flugplätzen im Gegensatz zu solchen Vorhaben, wie sie von der 1935 ins Leben gerufenen Works Projects Administration (WPA) durchgeführt wurden. Es ist zu bemerken, daß die Politik der WPA vor allem darauf ausging, direkte Arbeit und damit nach unseren Überlegungen mit größerer Wahrscheinlichkeit auch insgesamt zusätzliche Arbeit zu beschaffen (typisches Ziel sogenannter „Notstandsarbeiten"). Das Zahlenbeispiel läßt den Schluß zu, daß tatsächlich die gesamte Beschäftigungswirksamkeit bei WPA-Vorhaben weitaus größer war als in den anderen Fällen. Die Tabelle VI — ein englisches Beispiel — macht zusätzlich deutlich, daß im Rahmen der untersuchten Zusammenhänge der Anteil der direkt Beschäftigten bei solchen Investitionsvorhaben größer war,

Tabelle IV

Vereinigte Staaten

Verteilung der Baukosten in Prozenten, 1940

Art des Bauvorhabens	direkte Arbeit	Materialien	Sonstiges	Gesamt
Betonpflasterung	25,1	41,5	33,4	100
Asphaltpflasterung	19,9	48,8	31,3	100
Planierungs- und Entwässerungsarbeiten	27,9	38,6	33,5	100
Autobahnbrücken	25,8	47,4	26,8	100
Urbarmachung	30,0	45,0	25,0	100
Wasserversorgung	28,0	54,0	18,0	100
Kanalisation	29,5	50,2	20,3	100
Wohnungsbau:				
Zentralheizung	31,9	48,1	20,0	100
Dampfheizung	32,6	47,3	20,1	100
Schulen	31,1	52,1	16,8	100
Postämter	26,7	47,6	25,7	100
Fabrikgebäude	30,0	53,5	16,5	100
Verschiedene Gebäude	29,9	53,5	16,6	100

Quelle: U.S. Department of Labor, Bureau of Labor Statistics, Mitteilung an die I.L.O., nach Higgins, a.a.O., S. 320.

Tabelle V

Vereinigte Staaten

Durch Ausgaben von 1 Million $ geschaffene Beschäftigungsmenge (in Preisen von 1940)

Art des Bauvorhabens	Arbeitsstunden in Tausend			Verhältnis indirekte: direkte Arbeit
	Gesamt	direkte Arbeit	indirekte Arbeit	
WPA-Bauten[1])	1 442	1 155	287	0,3
Asphaltpflasterung	879	425	453	1,1
Planierungs- und Entwässerungsarbeiten	875	457	418	0,9
Urbarmachung	864	331	533	1,6
Autobahnbrücken	850	348	502	1,4
Schulen	830	347	483	1,4
Straßen, Landstraßen und Autobahnen	829	375	454	1,2
Postämter usw.	806	326	480	1,5
Verschiedene Nicht-Wohnbauten	804	328	476	1,4
Betonpflasterung	804	356	448	1,3
Wohnungsbau: Zentralheizung	803	353	450	1,3
Verteidigungsbauten	780	339	441	1,3
Lufthäfen und Flugplätze	772	306	466	1,5
Wasserversorgung	764	289	475	1,6
Kanalisation und Kanalisationsanlagen	759	314	445	1,4
Wohnungsbau: Dampfheizung	756	324	432	1,3
Fabrikgebäude	696	285	411	1,4

Quelle: Bureau of Labor Statistics (Mitteilung an die I.L.O.) nach Higgins, a.a.O., S. 129.

[1]) Gebäude von einfacher Konstruktion, Straßen- und Landstraßenarbeiten, die keine schweren Baustoffe erfordern, Bodenerhaltung, Abholzung, Entwässerung und andere nicht materialintensive Vorhaben, wie sie von der Work Projects Administration durchgeführt wurden.

Tabelle VI

Groß-Britannien

Primäre Beschäftigungswirkung bei einer Ausgabensumme von 1 Million £ (in Preisen von 1930)

Art des Bauvorhabens	Arbeiter/Jahr			Verhältnis indirekte: direkte Arbeit
	Gesamt	direkte Arbeit	indirekte Arbeit	
Bauwesen:				
An Private vergebene Arbeiten	3 990	2 350	1 640	0,70
Arbeiten in Eigenregie	4 650	2 690	1 960	0,74
Erziehungswesen:				
Vergebene Arbeiten	3 580	2 130	1 450	0,68
Eigenregie	4 050	2 380	1 670	0,70
Gesundheitswesen außer Kanalisation:				
Vergebene Arbeiten	3 590	2 130	1 460	0,69
Eigenregie	4 060	2 380	1 680	0,71
Kanalisation:				
Abwässeranlagen:				
Vergebene Arbeiten	3 710	3 220	490	0,15
Eigenregie	4 580	3 850	730	0,19
Straßenabwässer:				
Vergebene Arbeiten	3 590	2 550	1 040	0,41
Eigenregie	4 360	3 000	1 360	0,45
Straßen:				
Hauptstraßen:				
Vergebene Arbeiten	3 110	1 240	1 870	1,51
Eigenregie	4 390	1 720	2 670	1,55
Sonstige Straßen:				
Vergebene Arbeiten . .	3 610	1 830	1 780	0,97
Eigenregie	4 510	2 240	2 270	1,01
Handelsdienstleistungen	3 320	.	.	.
Verschiedene Dienstleistungen	3 500	.	.	.

Quelle: R. F. Bretherton, et. al., nach Higgins, a.a.O., S. 128.

die von der öffentlichen Hand durchgeführt wurden, als bei Arbeiten, die an private Firmen vergeben wurden. Der hohe Anteil der direkten Arbeit im Falle der WPA-Vorhaben in den Vereinigten Staaten beruht übrigens ebenfalls darauf, wie Higgins betont, daß hier weithin die Arbeit in eigener Regie erfolgte, anders als bei der 1933 geschaffenen Public Works Administration (PWA). Natürlich sind auch diese Ergebnisse situationsbedingt. Die Beispiele entstammen der Depressionszeit. In Perioden besserer Beschäftigung mögen die bereits oben erwähnten „Abflüsse" bei an Private vergebenen Aufträgen geringer sein als in Depressionszeiten. Darüber hinaus ist noch einmal darauf hinzuweisen, daß alle gegebenen Beispiele grundsätzlich situationsbedingt sind. Schon die technische Entwicklung mag bedeutsame Änderungen hervorrufen. Als Modelle für Überlegungen im konkreten Falle bleiben sie dennoch geeignet.

c) Bei unterschiedlichen primären Wirkungen verschiedener Ausgabentypen und unter unterschiedlichen Nebenbedingungen wird dann auch die gesamte Beschäftigungswirkung, auf die Einheit zusätzlicher öffentlicher Ausgaben bezogen, unterschiedlich groß sein. Aber darüber hinaus ist eine weitere Variation dann erforderlich, wenn — wie bereits angedeutet — angenommen werden muß, daß die marginale Verbrauchsneigung der Empfänger primärer Einkommen nicht einheitlich, sondern unterschiedlich ist. Je nachdem wird auch die gesamte Multiplikatorwirkung unterschiedlich sein. Unter der der Wirklichkeit wohl kaum widersprechenden Annahme, daß die marginale Verbrauchsneigung der Unternehmer (was schon Malthus betont hat) kleiner ist als die der Empfänger von Lohneinkommen, wird dann, wenn der Unternehmeranteil an den zusätzlichen Einkommen größer ist, die Multiplikatorwirkung kleiner sein, als wenn der Anteil der Arbeitseinkommen überwiegt. Das wird insbesondere dann zutreffen, wenn Notstandsarbeiten zur Debatte stehen. Natürlich sind solche Aussagen immer wieder durch empirische Forschungen zu sichern. Auch im Hinblick auf diese sekundären

Wirkungen ist natürlich auf die Abflüsse hinzuweisen, die durch zusätzliche Importe usw. entstehen. Die Verteilung der zusätzlich hervorgerufenen primären Einkommen spielt dabei dann eine Rolle, wenn der Importanteil der von den verschiedenen Einkommensklassen zur Konsumtion vorgezogenen Güter und Dienste unterschiedlich groß ist.

d) Der „spezifische" Ausgabenmultiplikator bestimmter Ausgabentypen wird deshalb aus allen aufgezählten Gründen, bei in mannigfacher Weise zu variierenden Voraussetzungen, von unterschiedlicher Größe sein. All das ist im konkreten Falle zu bedenken, wenn zur primären und sekundären Beschäftigungswirksamkeit öffentlicher Ausgaben Aussagen gemacht werden sollen.

5. Tertiäre Wirkungen

a) Bisher wurden die privaten Investitionsausgaben I als gleichbleibend, d. h. unberührt von den durch das Staatshandeln ausgehenden Entwicklungen angenommen. Das scheint aber keine die Wirklichkeit allemal treu zeichnende Vorstellung zu sein. Bereits vor 40 Jahren hat J. M. Clark nach Albert Aftalion Überlegungen angestellt, die zur sog. *Akzelerator*theorie geführt haben. Danach werden sich in der Regel positive Effekte auf die privaten Investitionen („induzierte" Investitionen) ergeben, wenn die Nachfrage nach Fertigprodukten erhöht wird. Bei einer bestimmten „relation" zwischen „output" und der zur Produktion notwendigen Realkapitalausstattung (kumulierte Größe früherer Nettoinvestitionen) wird eine Vermehrung der Nachfrage zusätzliche Investitionen erforderlich machen; ihre Größe ist vom Steigungsmaß der Nachfrage abhängig. Die Darstellung des Akzelerator-(Beschleunigungs-)Prinzips erfordert, da notwendigerweise der Zeitablauf eingeschlossen sein muß (jede Aussage über das Wachstum beinhaltet ein zeitliches Moment) eine dynamische Analyse, d. h. verlangt, daß die aufeinander wirkenden ökonomischen Variablen des Modells ihrem zeitlichen Wirkungszusammenhang entsprechend zeitlich bestimmt werden. Das kommt in der folgenden Gleichung zum Ausdruck, deren rechte Seite das

Wachstum der Nachfrage zwischen den Zeitpunkten t-1 und t darstellt. Das Symbol β stellt den sog. Kapitalkoeffizienten (oder die „relation") dar, eine Dimensionskonstante, die anzeigt, um welche Größe das Realkapital K ansteigen muß, wenn die Nachfrage nach den mit Hilfe des Realkapitals erzeugten Gütern — hier nach Konsumgütern — um die Einheit wächst unter der Voraussetzung, daß die Kapitalkapazitäten bisher ökonomisch voll ausgenutzt waren. Wird die Zuwachsgröße $\triangle$ K als Nettoinvestition I definiert, und werden die genannten zeitlichen Bestimmungen durchgeführt, so ergibt sich

$$I_t = \beta (C_t - C_{t-1})$$

Bei infolge primärer und sekundärer Multiplikatorwirkungen wachsender Gesamtnachfrage nach Konsumgütern ist es nach dieser Gleichung notwendig, daß nachfolgend auch die privaten Investitionen wachsen und somit die von den zusätzlichen Staatsausgaben ausgehenden Primär- und Sekundärwirkungen verstärkt werden.

b) Gegenüber solchen Anschauungen, die auf ein gegenseitiges Aufschaukeln von Konsumtion und angeregter Investition zur Überwindung einer Depression vertrauen wollen — vgl. die oben angeführte Idee des „pump priming" oder der „Initialzündung" — wurde allerdings darauf hingewiesen, daß eine solche Wirkung nur unter der Voraussetzung bestimmter hoher Größen der marginalen Konsumquote b und der „relation" β möglich sei. Ein einfaches, von Paul A. Samuelson und A. H. Hansen entwickeltes Modell — auch die Autoren haben die Begrenztheit seines Erkenntniswertes durchaus betont — wird lediglich zur *Erläuterung* des Problems wiedergegeben.

Sei das Volkseinkommen in der Periode t definiert durch die Summe der in der gleichen Periode erfolgten Konsumgüterkäufe, die privaten Nettoinvestitionen und die Käufe von Gütern und Diensten durch den Staat:

(1) $E_t = I_t + C_t + Ast_t$

Seien die Konsumausgaben einer bestimmten Periode jeweils bestimmt durch das in der Vorperiode entstandene

Einkommen und sei dieser Zusammenhang durch folgende Konsumfunktion wiederzugeben:

(2) $C_t = bE_{t-1}$

Mögen ferner die Beziehungen zwischen Nachfragewachstum und den Nettoinvestitionen wie oben angeführt liegen:

(3) $I_t = \beta (C_t - C_{t-1})$

so erhalten wir ein System von drei untereinander unabhängigen Gleichungen, während die Zahl der Variablen vier beträgt. Das System hat somit einen Freiheitsgrad. Wird die Größe der Staatsausgaben Ast_t bestimmt, so ist das System jedoch „geschlossen"; alle anderen Variablen sowie ihr zeitlicher Ablauf sind durch die im Modell dargestellten Zusammenhänge bestimmt.

Substituiert man die Gleichung (2) in (3) und diese in (1), so erhält man

(4) $E_t = Ast_t + b\,(1+\beta)\,E_{t-1} - b\,\beta\,E_{t-2}$

Gleichung (4) ist eine sogenannte Differenzengleichung. Samuelson hat gezeigt, daß ihre Lösung[1]), d. h. die zeitliche Entwicklung des Volkseinkommens $E = E(t)$, unter den angenommenen Voraussetzungen nur dann ein dem pump - priming - Prinzip entsprechendes Resultat ergibt, wenn die Koeffizienten b und β hohe Werte aufweisen. Bei einer marginalen Konsumquote b in Höhe von 0,7 (0,6 bzw. 0,5) müßte der Koeffizient β zumindest die Werte 3,4 (4,5 bzw. 5) aufweisen. Liegen sie darunter — es ist ja zu bedenken, daß in einer Depression mit unausgenutzten Kapital-Kapazitäten hohe β-Werte unwahrscheinlich sind — so würde die reine pump-priming-Wirkung nicht in Erscheinung treten. Es ist dagegen eine Entwicklung denkbar, bei der E(t) letztendlich einen Wert annähert, wie er bei alleinigem Wirksamwerden des Multiplikatorprinzips zu erwarten wäre. Immerhin, da die Entwicklung zu diesem Wert hin in Schwingungen um den Multiplikator-Trend erfolgt, und zunächst einmal eine positive

[1]) Zur Lösung solcher Gleichungen vgl. William J. Baumol, Economic Dynamics, 1951.

Beschleunigungswirkung einsetzt, mag diese Möglichkeit dem Politiker interessant genug erscheinen. Wieweit allerdings in einer Depressionsperiode mit einem schnellen Einsetzen induzierter Investitionen gerechnet werden darf, ist fraglich, insbesondere bei den Anlagen. Jedoch mögen hier zunächst etwa vorhandene Tendenzen zu weiterem Realkapitalabbau (Nichtersatz des durch Abnutzung eintretenden Realkapitalverzehrs) gebremst werden; auch das wäre im Sinne der Beschäftigungspolitik schon eine positive Wirkung. Bei den Lagerbeständen mag sogar, worauf Jan Tinbergen und Erich Schneider im gegebenen Zusammenhang hingewiesen haben, schnell eine durch Nachfragewachstum induzierte Investitionsbelebung eintreten. Auch das ist natürlich eine Tatbestandsfrage. Wie dem auch sei, es zeigt sich, daß erst ein Abgehen von der Annahme konstanter Koeffizienten die Fülle der mit dem Akzelerationsprinzip verbundenen Fragen erschließt.

Was der Wirtschaftspolitiker in der Depression erhofft, mag er andererseits in einer Periode hoher Beschäftigung befürchten, da dann akzelerierende Wirkungen die gesamte Nachfrage über das durch die Produktionskapazitäten — diese werden trotz induzierter Zusatzinvestitionen nur mit zeitlicher Verzögerung wachsen, ferner können sich auf dem Arbeitsmarkt Verknappungen zeigen — gegebene Maß hinaustragen mögen. Das unterstreicht die besondere Gefahr, die in einer Vollbeschäftigungsperiode mit zusätzlichen Staatsaufträgen verbunden sein kann.

c) Im Zusammenhang mit einer Depressionsbekämpfung ist im übrigen auch an etwa mögliche *negative Rückwirkungen* auf die private Investitionstätigkeit zu denken, wenn von der öffentlichen Hand Investitionen durchgeführt werden. Hinsichtlich der Befürchtung, daß private Investitionen durch die Konkurrenz öffentlicher Investitionen verdrängt werden und so einer „kalten Sozialisierung“ der Weg geebnet wird, hat Hansen darauf hingewiesen, daß der Staat solche Vorhaben in Angriff nimmt (oder nehmen sollte?), die zwar vom Standpunkt der Volkswirtschaft im langfristigen Sinne, nicht aber für den einzelnen Unternehmer, der einen unmittelbaren Ertrag erwarten muß, „profitable" sind. Andere Bedenken beziehen sich auf die private Kreditmöglichkeiten einschränkende und zinssteigernde Konkurrenz des Staates auf dem Kapitalmarkt, ferner die Verhinderung eines — zur Überwindung einer Depression als notwendig angenommenen — Sinkens der Löhne und schließlich die psychologisch ungünstige Wirkung einer öffentlichen Verschuldung auf das „Vertrauen" der Unternehmer. Die Gegenargumente — hinsichtlich ihrer Brauchbarkeit immer anhand einer konkreten Situation zu überprüfen — sind, daß staatliche Geldpolitik eine Zinssteigerung verhindern könne. Das Problem der Kreditgrenze wird noch unten (Band IV) zu behandeln sein. Ein Sinken der Löhne andererseits wird heute durchaus nicht mehr allgemein als ein positiv zu bewertendes Kriterium betrachtet. Es könnten ja — dabei wird darauf hingewiesen, daß es sich im vorliegenden Falle um eine nur dynamischer Analyse zugängliche Frage handelt — fallende Löhne als Index eines zu erwartenden Nachfrageausfalles negativ auf die Unternehmererwartungen wirken, wie andererseits erwartete Kostensenkungen die Unternehmer dazu anhalten mögen, in der heutigen Produktion zurückhaltend zu sein, da morgen billiger produziert werden kann. Endlich wird betont, daß nach Überwindung „finanzieller Vorurteile" die Unternehmer mit der Politik öffentlicher Ausgaben durchaus positive Erwartungen verbinden können. Das hängt von dem Vertrauen ab, das dem Staat überhaupt entgegengebracht wird. Hier liegt insbesondere die Bedeutung einer ausreichenden Unterrichtung der Öffentlichkeit über die Ziele staatlicher Wirtschafts- und Finanzpolitik und die jeweils zur Erreichung dieser Ziele eingesetzten bzw. noch einzusetzenden Mittel. Je größer das Vertrauen der Wirtschaftenden in eine wohlverstandene und konsequent durchgeführte Beschäftigungspolitik ist, um so größer werden auch ihre innerwirtschaftlichen Wirkungen sein, so daß der Staat wegen des größeren Effektes der von ihm ergriffenen Maßnahmen sich seinerseits zurückhalten kann. Diese Aussage schließt natürlich nicht aus, daß ein Zuviel an staatlicher Machtausübung auch dann gegeben sein kann, wenn ein Weniger aus objektiven Gründen angebrachter wäre. Diesen Problemkreis zu erschließen, ist jedoch Aufgabe der politischen Soziologie.

6. Eignung der öffentlichen Ausgaben als Mittel der Beschäftigungspolitik

Bisher haben wir im wesentlichen lediglich die möglichen Wirkungen zusätzlicher Staatsausgaben behandelt. Erinnern wir uns daran, daß nach der Theorie der Fiskalpolitik diese Wirkungen — bei unterschiedlicher Konzeption im einzelnen — bewußt, je nach der ökonomischen Lage in positiver oder auch negativer Richtung herbeigeführt werden sollen, so bleibt die Frage, welche Staatsausgaben sich dazu *eignen*, derart in ihrer Größe variiert zu werden. Das umschließt zwei Fragenkreise, einmal der rechtlichen Institutionalisierung, zum anderen der ökonomischen Sinnhaftigkeit und technischen Durchführbarkeit.

a) Rechtliche Institutionalisierung

Die Frage lautet hier: Welche Staatsausgaben dürfen, nach den jeweils geltenden haushaltsrechtlichen Bestimmungen und konventionell üblichen Verfahrensweisen bei der Entscheidung über zu tätigende Ausgaben, im Sinne einer bewußten Manipulierung zwecks Beeinflussung der konjunkturellen Bewegung variiert werden? Daran schließt sich die Frage an: Welche Maßnahmen wären zu ergreifen, um eine größere Flexibilität in dieser Hinsicht zu erzielen? Zu den einschlägigen Grundsätzen und ihrer Problematik wird noch im Zusammenhang mit der Lehre vom Staatshaushalt Stellung bezogen werden. An dieser Stelle sei aber bereits auf das Gutachten der beiden Wissenschaftlichen Beiräte beim Bundeswirtschaftsministerium und beim Bundesfinanzministerium zum Thema: Instrumente der Konjunkturpolitik und ihre rechtliche Institutionalisierung vom 3. Juni 1956 und 8. Juli 1956 verwiesen, das anschließend, soweit es die Ausgaben der öffentlichen Körperschaften betrifft, im Auszug wiedergegeben wird[1]).

„47. Zur Bekämpfung konjunktureller Ausschläge dürfte die auf Grund der Natur der Ausgaben oder ihrer rechtlichen Regelung gegebene relative Ausgabenstabilität sich nicht als hinreichend erweisen. Es ist zu erwägen, ob zu diesem Zweck die Ausgaben verstärkt in antizyklischem Sinne verteilt werden können. Hierfür kommen weniger die laufenden Personal- und Sachausgaben der öffentlichen Hand in Frage als vielmehr die Ausgaben für Investitionen.

a) Zunächst ist hier an die Beschleunigung bzw. Verlangsamung dazu geeigneter öffentlicher Arbeiten im Rahmen der laufenden Bau- und Beschaffungsprogramme zu denken. Da die Etatansätze für Bauvorhaben kraft Gesetzes zeitlich übertragbar sind, ist für sie die haushaltsrechtliche Voraussetzung für eine konjunkturgerechte Verteilung ohne weiteres gegeben. Bei Beschaffungsprogrammen müßte die zeitliche Übertragbarkeit durch entsprechende Etatvermerke von Fall zu Fall zugelassen werden. Unter konjunkturpolitischen Gesichtspunkten wäre eine generelle Übertragbarkeit auch für sie zweifellos erwünscht, doch können andere Erwägungen, insbesondere die Bedenken, die gegen eine übermäßige Fondsbildung bestehen, eine zu weitgehende Anwendung der Übertragbarkeitsklausel als unerwünscht erscheinen lassen.

b) Darüber hinaus könnte zur Abwehr stärkerer Rückschläge die Inangriffnahme zusätzlicher öffentlicher Investitionen erforderlich werden. Um ihren zeitgerechten Einsatz und ihre sinnvolle Auswahl zu ermöglichen, sind ausgearbeitete Investitionsprogramme bereitzuhalten. Ob die etatrechtliche Form des Eventualbudgets hierfür in Frage kommt, ist zu prüfen.

48. Abgesehen von eigenen Investitionen der öffentlichen Hand kann es zweckmäßig sein, zusätzliche private Investitionen durch staatliche Subventionen (in Form von Zinsverbilligungen oder verlorenen Zuschüssen), durch staatliche Kredite, durch Bürgschaften und Garantien der öffentlichen Hand anzuregen oder zu ermöglichen.

---

[1]) Der Wissenschaftliche Beirat beim Bundeswirtschaftsministerium 4. Band, Gutachten vom Januar 1955 bis Dezember 1956, Göttingen 1957, S. 34 ff., speziell S, 49 f.

49. Zusätzliche Zuwendungen an Unterstützungs- und Rentenempfänger können schnell wirkend die Konsumentenausgaben erhöhen und so zur Bekämpfung eines Rückschlages beitragen. Außerdem ist zu erwägen, ob nicht die im Rahmen des Lastenausgleichs und ähnlicher Maßnahmen gesetzlich festgelegten Entschädigungszahlungen in Zeiten rückläufiger Wirtschaftsentwicklung vorzeitig abgewickelt werden sollten."

b) Sinnhaftigkeit und Durchführbarkeit

Andererseits ist die Variation der öffentlichen Ausgaben im Sinne antizyklischer Politik auf ihre Sinnhaftigkeit und ihre Durchführbarkeit zu prüfen.

α) Die Summe der *Transferausgaben* variiert, wenn die ihrer Zahlung zugrunde liegenden Gesetze gleichbleiben, ihrer Natur nach antizyklisch, soweit es sich um die Unterstützungs- und Fürsorgeleistungen für Erwerbslose handelt. Daß man durch Zusatzzahlungen, die über diesen „automatischen" antizyklischen Effekt hinausgehen, zusätzliche Wirkungen erzielen kann — so ist wohl der allerdings auch Rentenzahlungen einschließende Vorschlag des Gutachtens der Wissenschaftlichen Beiräte zu verstehen — ist theoretisch denkbar. Solche und ähnliche Vorschläge, bis zu dem radikalen einer antizyklisch auszuschüttenden „nationalen Dividende" (Boulding, Pierson), finden sich auch anderswo. Schwierig bleibt dabei die modellgerechte Senkung der Sätze in Konjunkturzeiten bei den Renten gerade dann, wenn die Einkommen aus produktiver Tätigkeit steigen. Vergleiche mit der sich bessernden Lebenslage „aller anderen" mögen politisch zu beachtende Bitterkeit bei denen hervorrufen, die gerade dann weniger Einkommen erhalten. — Der Einsatz von Subventionen, staatlichen Aktivkrediten, Bürgschaften und Garantien der öffentlichen Hand erscheint dagegen, von diesem Gesichtspunkt aus gesehen, durchaus sinnvoll.

Die Variation der *Personalausgaben* im Sinne antizyklischer Politik wird im allgemeinen abgelehnt. Es fehlt hier die ökonomische Sinnhaftigkeit. Der Staatsdiener ist gleichmäßig ausreichend zu besolden, eine Variation der Zahl der Besoldeten ist ebenfalls vom Zwecke dieser Staatsausgaben her nicht zu rechtfertigen. Es ist allerdings immerhin darauf zu verweisen, daß eine Variation solcher Ausgaben historisch anzutreffen ist. In den Jahren 1930 und 1931 sind in Deutschland — allerdings in einem dem antizyklischen Modell entgegengesetzten Sinn, nämlich inmitten einer deflationistischen Depressionsperiode — die Personalbezüge gekürzt worden; auch im Zusammenhang mit der Stabilisierung 1923 sind, hier allerdings systemgerecht zur Überwindung der Inflationsgefahr, bedeutende Einschränkungen im Personaletat erfolgt.

In der Diskussion um die Bekämpfung der Beschäftigungslosigkeit in Westberlin nach dem letzten Kriege spielen Variationen der Personalausgaben sogar eine noch größere Rolle. Abgesehen von der weitgehenden politisch bedingten Abschnürung Berlins von seinem wirtschaftlichen Hinterlande war auch der Verlust der Hauptstadtfunktion und das Abwandern von Zentralbehörden für eine überaus harte Beschäftigungslosigkeit verantwortlich. Das Bestreben der Berliner Politik, Bundesbehörden nach Berlin zu ziehen, hat denn auch — außer staatspolitischen Gründen — den Zweck, durch zusätzlich vom Bund zu finanzierende Personalausgaben die Beschäftigungslage zu verbessern. Immerhin handelt es sich, anders als in den oben angeführten Fällen, um ein regionales und strukturelles, nicht allein konjunkturelles Problem.

Bei den laufenden *Sachausgaben* würde eine antizyklische Variation ebenfalls inneröknomischer Sinnhaftigkeit entbehren. Wie soll ein Mehrverbrauch etwa von Papier in der Depression gerechtfertigt werden? Ein Mehrkauf zwecks Einlagerung ist zwar theoretisch, nicht aber praktisch als Lösungsmöglichkeit denkbar.

Ganz anders ist das bei den *öffentlichen Investitionen.* Diese sind ihrer Natur nach sozusagen „lagerfähig". Sie bilden gegenüber der Bestandsgröße des jeweils vorhandenen öffentlichen Sachkapitals nur eine Teilgröße; ihre Variation bewirkt deswegen nur eine, im Verhältnis zu den Ausgaben für laufende Zwecke, gradweise geringere Veränderung der mit Hilfe des öffentlichen Realvermögens zu bewirkenden Nutzleistungen. Eine zeitliche Verschiebung ist deswegen bei den Investitionsausgaben anders als bei den laufenden Sachausgaben aus ökonomischen Erwägungen heraus zu vertreten.

β) Andererseits ist bei diesen Ausgaben die Frage ihrer *technischen* Variationsfähigkeit sehr bedeutsam. Nicht alle öffentlichen Investitionsvorhaben eignen sich dazu, je nach der konjunkturellen Lage antizyklisch variiert zu werden. Auch hierüber gibt es eine Reihe von empirischen Untersuchungen. A. G. Hart gibt in seinem auch für andere Gebiete der Fiskalpolitik sehr ertragreichen Buch Money, Debt, and Economic Activity, 1948, eine zusammenfassende Darstellung einschlägiger Überlegungen und Erfahrungen wieder:

„Als ersten Ausgabenbereich gilt es die ‚öffentlichen Investitionen'[1]) zu betrachten. Öffentliche Investitionen schließen ein: Öffentliche Gebäude, öffentlich geförderten Wohnungsbau, Staudämme, Brücken, Autobahnen, Arbeiten für die Schiffahrt, Bewässerungsanlagen usw. Sie werden oft untergliedert in ‚schwere' (heavy) öffentliche Investitionen, die lange Zeit sowohl für die Planung als auch für die Ausführung beanspruchen sowie Spezialarbeiter und Spezialausrüstungen erfordern, und ‚leichte' (light) öffentliche Investitionen, die improvisierte Maßnahmen erlauben und keine Spezialarbeiter erfordern. ‚Leichte' öffentliche Investitionen sind — mehr oder weniger durch Zufall — zum größten Teil Erdarbeiten: Straßenbau, Dammaufschüttungen, Planierung, Landschaftsgestaltung. Das Interesse an öffentlichen Investitionen zur Stabilisierung der Beschäftigung besteht seit langem. Nicht nur in der großen Depression der 30er Jahre, sondern auch in der Depression von 1921/22 erfreuten sich Vorschläge öffentlicher Investitionen zur Beschleunigung der Wirtschaftsbelebung großer Beliebtheit; nach 1933 wurden sie in großem Ausmaß Teil der Politik des ‚New Deal'.

‚Schwere' öffentliche Investitionen gehören unvermeidlich zu den Stabilisierungsmaßnahmen, die Vollmachten erfordern und stark von einer Vorausplanung abhängen. Man kann einen ‚Boulder Dam' nicht improvisieren; bevor überhaupt mit der eigentlichen Ausführung begonnen werden kann, muß

[1]) Public works, synonym public investment.

das Gelände vermessen und die technische Konstruktion geplant werden. Weiterhin, das einmal begonnene Werk läßt sich nicht ohne weiteres stoppen. Vom Zeitpunkt der Bewilligung eines Projektes bis zum Beginn der praktischen Arbeiten können Jahre vergehen, vom Beginn bis zur Fertigstellung noch weitere Jahre ... Bei ‚leichten' öffentlichen Investitionen sind die Schwierigkeiten geringer. Die Arbeiten können relativ kurzfristig begonnen und wieder gestoppt werden; ein Großteil der anfallenden Arbeiten kann von wenig ausgebildeten Arbeitskräften ausgeführt werden. Derartige Projekte eignen sich also dazu, allgemeine Arbeitslosigkeit zu bekämpfen. Von solchen als ‚Notstandsarbeiten' zu bezeichnenden Vorhaben wird weithin angenommen, daß sie nutzbringend eingesetzt werden können, wenn die Arbeitslosigkeit das der Vollbeschäftigung entsprechende Minimum um drei oder vier Millionen übersteigt."

γ) Die von Hart und vielen anderen betonte Notwendigkeit der Vorausplanung von Investitionsvorhaben deckt sich mit den Forderungen der Wissenschaftlichen Beiräte, ausgearbeitete Investitionsprogramme bereitzuhalten, um einen zeitgerechten Einsatz und eine sinnvolle Auswahl zu ermöglichen. Das dürfte auch im Sinne einer Stärkung demokratischer Entscheidungsfindung liegen, denn solche Eventualpläne können rechtzeitig diskutiert werden.

Eine wesentliche Rolle spielt auch die Abstimmung der Ausgabenpolitik der Gebietskörperschaften untereinander. Es besteht sonst die Gefahr, daß ihre Wirkungen sich gegenseitig aufheben. Erfahrung hat gezeigt, daß es den Gebietskörperschaften auf den unteren Ebenen, Ländern und Gemeinden, vielfach nicht möglich ist, einer etwa von der Zentralregierung begonnenen expansiven Ausgabenpolitik zur Linderung der Beschäftigungslosigkeit zu folgen, ja daß sie in einer depressiven Situation eher gezwungen sind, ihre Ausgaben zu senken, weil ihnen die Geldmittel fehlen und ihnen die Erschließung zusätzlicher Finanzquellen schwerer fällt als den Instanzen auf der zentralen Ebene. Doch werden hiermit bereits Finanzierungsfragen und das Finanzausgleichsproblem berührt, die erst an späterer Stelle zu behandeln sind.

7. Beispiele

a) Anlaß fiskaltheoretischer Überlegungen zur Staatsausgabenpolitik waren insbesondere die Erfahrungen, die in Krisenzeiten gemacht wurden. Wir wissen bereits, daß der Begriff „fiscal perversity" geprägt wurde im Hinblick auf die Neigung, im Sinne einer „gesunden" Finanzpolitik (das war gewiß nicht der einzige, aber weithin vorherrschende Grund) bei mit fallender Konjunktur sinkenden Steuereinnahmen die Ausgaben deswegen zu senken (bzw. die Steuersätze zu erhöhen), um der Drohung wachsender Haushaltsdefizite zu entgehen.

Ein solcher — im übrigen wegen der weiterhin durchschlagenden „Konjunkturempfindlichkeit" der Steuern mißglückter — Versuch, „gesunde" Finanzverhältnisse herzustellen, zeigt sich ganz deutlich am Beispiel der deutschen Finanzpolitik während der großen Krise. In Tabelle VII werden zur Erläuterung der Ausgabenpolitik der deutschen Finanzwirtschaften in den Jahren 1928 bis 1932 zwei Zahlenreihen gegenübergestellt: die Entwicklung des Volkseinkommens nach der Berechnung des Statistischen Reichsamtes und der Summe der von Reich, Ländern, Gemeinden und Gemeindeverbänden getätigten Ausgaben. Eine gewisse Überlappung der Zahlen — das Volkseinkommen wird nach dem Kalenderjahr, die Ausgaben dagegen werden nach dem Finanzjahr berechnet — muß in Kauf genommen werden. Es ist deutlich zu erkennen, daß parallel mit seit 1929 sinkenden Volkseinkommensgrößen auch die Finanzausgaben fallen, während sie vorher, bei steigender Konjunktur, parallel damit anstiegen. Ergänzend sei angeführt, daß der Rückgang sich besonders stark bei den Ausgaben für Neubauten und Grundstückskäufe bemerkbar macht, die von 1,77 Mrd. RM im Jahre 1929 auf 0,47 Mrd. RM im Jahre 1932 zurückgehen. Selbst die Personalausgaben, obwohl üblicherweise als relativ starrer Posten betrachtet, sinken im selben Zeitraum von 4,72 Mrd. RM auf 3,77 Mrd. RM. Andererseits steigen gleichzeitig die Ausgaben für das Wohlfahrtswesen, ganz im Sinne der von der Theorie behaupteten „built-in flexibility", von 3,96 Mrd. RM auf 4,18 Mrd. RM. Ihr Anstieg wird jedoch, wie aus den in der Tabelle VII gezeigten Gesamtausgabenzahlen hervorgeht, durch das Fallen der Ausgaben für alle übrigen Zwecke bei weitem überkompensiert.

Tabelle VII

Das Volkseinkommen im Deutschen Reich in den Jahren 1929 bis 1932. Die öffentlichen Ausgaben von Reich, Ländern, Gemeinden und Gemeindeverbänden in den Rechnungsjahren 1928/29 bis 1932/33 (ohne Zuschüsse an und von anderen Gebietskörperschaften)

in Milliarden RM

	1928	1929	1930	1931	1932
Volkseinkommen (Kalenderjahr)	75,4	75,9	70,2	57,5	45,2
Öffentliche Ausgaben (Finanzjahr)	20,8	20,9	20,4	17,0	14,5

Quellen: Statistisches Jahrbuch für das Deutsche Reich, 1935, S. 437, und 1937, S. 534.

Tabelle VIII

Volkseinkommen und Ausgaben (In Millionen

	1929	1930
Volkseinkommen (Kalenderjahr)	8 220	8 137
Ausgaben der Zentralregierung (Finanzjahr)	757	783
Ausgaben der Selbstverwaltungskörperschaften (Kalenderjahr)	711	727

Quelle: nach Higgins, a. a. O., S. 201 und S. 204.

b) Es gibt jedoch auch Gegenbeispiele. Ausgabenpolitische Maßnahmen im Sinne der Fiskaltheorie gehören durchaus nicht nur in den Bereich der „grauen" Theorie. Dabei soll auf die in Deutschland nach 1933 einsetzende Politik deshalb nicht verwiesen werden, weil diese bereits von etwa 1935 an mit der Finanzierung der Wiederaufrüstung eine ganz andere Zielrichtung einschlug und bei überstarker Dosierung der Ausgaben in Verbindung mit bestimmten noch später (Band IV) zu beschreibenden Finanzierungspraktiken die, wenn auch durch schärfste Strafbestimmungen „zurückgestaute", Kriegsinflation bereits einleitete. Vielmehr sei die schwedische Finanzpolitik der Depressionsperiode als prägnantes Beispiel für eine bewußte und wohl vorbereitete antizyklische Fiskalpolitik angeführt. In Schweden sind die Ausgaben mit seit 1929 fallendem Volkseinkommen nicht gesenkt, sondern erhöht worden, nach 1933 vor allem unter bewußter Hinnahme eines Haushaltsdefizits, nachdem die Nationalökonomen G. Myrdal, B. Ohlin, D. Hammarskjöld und A. Johansson sich in einer in öffentlichem Auftrag durchgeführten Untersuchung für einen Ausgleich des (ordentlichen!) Staatshaushalts nicht Jahr für Jahr, sondern im Verlaufe eines Konjunkturzyklus' ausgesprochen hatten. Tabelle VIII, in der Volks-

der öffentlichen Hand in Schweden
Schwedenkronen)

1931	1932	1933	1934	1935	1936
7 387	6 841	6 840	7 784	8 295	9 107
858	912	1 047	1 310	1 134	1 120
789	790	769	739	790	845

einkommenszahlen und Ausgabengrößen gegenübergestellt sind, läßt ganz deutlich eine fiskalpolitischen Grundsätzen entsprechende Ausgabenpolitik erkennen. Auch hier sind allerdings gewisse Überlappungen hinzunehmen, da die Volkseinkommensberechnungen und die Ausgaben der Selbstverwaltungskörperschaften Kalenderjahre, die Ausgaben der Zentralregierung jedoch Finanzjahre betreffen. Es ist immerhin deutlich genug zu ersehen, daß mit bis 1933 fallender Konjunktur die gesamten Ausgaben der öffentlichen Hand steigen, um dann, nachdem eine Erholung der wirtschaftlichen Lage einsetzte, mit gewissen Verzögerungen wieder zu fallen.

§ 3. Wirkungen der öffentlichen Ausgaben auf die Einkommensverteilung

Es wurde bereits betont, daß alle finanzpolitischen Maßnahmen infolge der Interdependenz der ökonomischen Größen mehr oder minder großen Einfluß auf die Verteilung der Einkommen, und damit bis zu einem gewissen Grade auch der Vermögen, haben. Das gilt auch von der Ausgabenpolitik. Ihr Einfluß mag im Einzelfalle durch andere staatsfinanzielle Maßnahmen oder von außen wirkende Fakten kompensiert, ja überkompensiert werden, so daß er statistisch nicht sichtbar wird. Im Rahmen einer theoretischen Durchdringung der gesamten Zusammenhänge bildet seine Behandlung dennoch ein bedeutsames Teilstück. Ansatzpunkte sind die möglichen Wirkungen der öffentlichen Ausgaben (1) auf die aus Produktion fließenden Einkommen, (2) auf die Preisbildung der Produkte und (3) auf die Einkommen der privaten Haushaltungen.

1. Beeinflussung der aus der Produktion fließenden Einkommen

Wir wissen: Das Sozialprodukt wird beeinflußt durch die Ausgaben öffentlicher Körperschaften für Güter und Dienstleistungen, welche als Teil der gesamten Nachfrage die Aktivität der Güter und Dienste anbietenden privaten Wirtschaften anregen und solche Ausgaben, die an die Bediensteten der öffentlichen Hand fließen. Sowohl die Wertschöpfung der privaten Wirtschaften als auch die mit der Tätigkeit öffentlicher Körperschaften verbundene werden in der Sozialproduktrechnung — Sozialprodukt = Summe der Wertschöpfung innerhalb einer bestimmten Zeitperiode — erfaßt, wobei in der Wertschöpfung der Wirtschaft auch die von den Staatsausgaben ausgehenden Sekundär- und Tertiärwirkungen, soweit sie bereits wirksam geworden sind, sich niederschlagen. Die mit einer staatsfinanziell beeinflußten Variation der Einkommenshöhe etwa verbundene Variation der Einkommensverteilung bildet das vorliegende Problem.

a) Die Aktivität der Wirtschaft wird unmittelbar, im Rahmen der im vorigen § 2 beschriebenen Zusammenhänge, durch *Sachausgaben* der öffentlichen Hand beeinflußt, mittelbar aber auch durch vom Staat an private Unternehmungen vergebene Kredite (Aktivkredite der öffentlichen Hand), Kreditbürgschaften, das sind latente, unter Umständen zu realisierende Ausgaben mit Transfercharakter, sowie durch Subventionen.

α) Die Antwort auf die Frage, wieweit eine davon ausgehende Beeinflussung der konjunkturellen Lage — einschließlich etwa damit verbundener Veränderungen des Geldwertes — auch beachtbare Wirkungen auf die Einkommensverteilung hat, erfordert von Fall zu Fall eine eingehende theoretische Analyse, die nach Möglichkeit durch ökonometrische, d. h. Theorie und Statistik verbindende Untersuchungen zu stützen ist. Nur die Fragestellungen können an dieser Stelle angedeutet werden.

Soweit begründete Aussagen zu machen sind derart, daß bei steigender Konjunktur die relative Einkommensverteilung sich zugunsten der Unternehmereinkommen verschiebt, wäre das ebenso relevant wie die Aussage, daß bei — etwa durch fallende öffentliche Ausgaben mit bewirktem oder verstärktem — Konjunkturabfall eine in entgegengesetzter Richtung wirkende Erscheinung sich zeigt.

Weitere Fragestellungen schließen sich dann an, wenn von quantitativ bedeutsamen Ausgabesteigerungen, insbesondere im Zusammenhang mit einem großen Kriege oder beträchtlichen Rüstungsausgaben, inflationäre Tendenzen erwartet werden können oder müssen. Wird dann eine absolute Erhöhung der Nominaleinkommen der Unternehmer u. U. aber auch der der Arbeitnehmer eintreten? Kann es darüber hinaus auch zu einer relativen Verbesserung der Einkommenslage der Bezieher produktiver (Unternehmer- und Arbeitnehmer-) Einkommen zu Lasten anderer Einkommensempfänger kommen, die bei gleichbleibenden Nominaleinkommen einen Realeinkommensverlust erleiden? Wird darüber hinaus auch innerhalb der produktiven Einkommen eine Verschiebung zugunsten der Unternehmereinkommen erfolgen, insofern sie sich pari passu mit der Preissteigerung der von ihnen verkauften Produkte erhöhen, während eine entsprechende Erhöhung der Arbeitnehmereinkommen erst mit einer gewissen zeitlichen Verschiebung erfolgt?

Sowohl theoretisch als auch empirischer Forschung nach spricht manches für eine positive Beantwortung dieser Fragen. Wir müssen uns aber darüber im klaren sein, daß eine isolierte Betrachtung — insbesondere im Hinblick auf die Inflationsproblematik — aus dem Blickwinkel der Staatsausgaben allein schwerlich ein vollständiges Bild ergeben kann. Zumindest ist dazu auch auf die Finanzierung der Ausgaben einzugehen. Das wird bei der Behandlung des Fragenkreises Staatshaushalt — Wirtschaftskreislauf im vierten Band erfolgen.

β) Immerhin ist es möglich, auch bei einer isolierten Behandlung der öffentlichen Ausgaben noch einige weitere Betrachtungen über gewisse partielle Primärwirkungen anzuschließen. Zunächst ist dafür die *Art* der von der öffentlichen Hand vergebenen Aufträge bedeutungsvoll. Investitionsvorhaben, die, wie die „Notstandsarbeiten“, viel direkte Arbeit erfordern, vermehren vor allem die Einkommen unqualifizierter Kräfte und d. h. in der Regel der Empfänger kleinerer Einkommen, während bei Projekten mit einem größeren Anteil indirekter Arbeit, d. h. Arbeit in den Zulieferungsgewerben, in der Regel in stärkerem Maße qualifizierte Arbeit zum Zuge kommt — all das ist natürlich eine Frage der technischen Entwicklung — und somit auch andere Einkommensschichten begünstigt werden. Ein größerer Anteil der zusätzlichen Staatsausgaben als im ersteren Falle mag dabei den Unternehmern zufließen, insbesondere dann, wenn — wie etwa in Depressionszeiten — in den Zulieferungsgewerben nicht entsprechend zusätzliche Arbeitskräfte beschäftigt werden, sondern zunächst lediglich vorhandene Kapazitäten stärker ausgelastet werden. Das muß nicht unbedingt heißen, daß bedeutende Gewinne erzielt werden, vielleicht werden nur bisherige Verlustergebnisse durch eine Balancierung von Erlösen und Kosten abgelöst; aber selbst das ist eine Verbesserung der Einkommenslage. — Es ist somit denkbar, daß durch eine Bevorzugung bestimmter Ausgabearten auch eine gewisse Beeinflussung der Einkommensverteilung erfolgt.

γ) Die primären Verteilungseffekte können auch durch eine bevorzugende Vergabe von Aufträgen beeinflußt werden. Als relevant erscheinen dabei zunächst die Vergabevorschriften (vgl. § 4), insofern sie Präferenzen hinsichtlich bestimmter (z. B. kleingewerblicher) Lieferantengruppen enthalten.

Dann aber ist auch die Praxis des Vergabewesens von Belang, die den bei allen Rechtsnormen gegebenen Spielraum ausfüllt, insbesondere die dabei verfolgte Preispolitik. Die Bedeutung öffentlicher Aufträge für die Auftragsempfänger ist natürlich größer, wenn es an ausreichenden Aufträgen von privater Seite fehlt, als in Zeiten der Vollbeschäftigung. Immerhin sind sie auch dann nicht bedeutungslos, weil ja zusätzliche Aufträge ganz allgemein die Angebotssituation des Auftragsempfängers stärken, was sich letzten Endes auf seine Einkommenslage auswirken wird.

Für eine nach regionalpolitischen Gesichtspunkten vorgenommene Verteilung öffentlicher Aufträge, die etwa Berlin, die Zonenrandgebiete oder die Bayerische Ostmark bevorzugt, gilt ähnliches. Hier steht allerdings — wenn auch nicht völlig auszuschließen — weniger die gesellschaftspolitische Verteilungsproblematik als vielmehr eine ausgleichende Verteilung zugunsten wirtschaftlich allgemein benachteiligter Regionen im Vordergrund.

b) Auch die *Personalausgaben* der öffentlichen Hand gehen in das Sozialprodukt ein, haben Sekundär- sowie möglicherweise Tertiärwirkungen auf die Aktivität der Wirtschaft und damit im Rahmen gegebener Interdependenzen auf die Einkommensverteilung insgesamt.

α) Vorgelagert aber steht die Frage nach ihren Primärwirkungen auf die Einkommensverteilung. Welche Bedeutung gerade diesem Fragenkreis von den unmittelbar Betroffenen gegeben wird, zeigen die seit Jahren anhaltenden Bestrebungen der im öffentlichen Dienst Beschäftigten um eine Angleichung ihrer Bezüge an gestiegene Lebenshaltungskosten, auch mit einem Blick auf die günstigere Entwicklung der Einkommenslage anderer Schichten.

β) Änderungen in den Bezügen können globaler oder partieller Natur sein. Globale Erhöhungen oder Senkungen, die alle im öffentlichen Dienst Beschäftigten treffen, können ihr reales Einkommen, was aber vielleicht — wenigstens im Hinblick auf die erwähnten Verteilungskämpfe — noch wichtiger ist, unter Umständen auch ihren relativen Anteil am Sozialprodukt verändern. Das eine hängt von der Entwicklung der Lebenshaltungskosten, also bestimmter Preise, ab, das andere ausschließlich von der gleichzeitigen Entwicklung der Einkommen der Gesamtheit aller anderen Einkommensschichten. Partielle Erhöhungen oder Senkungen verschieben vorzüglich die Relation in den Einkommensverhältnissen der Staatsbediensteten selbst. Wie Spitaler ausführt, sind in den letzten Jahrzehnten in Deutschland in beiden Richtungen merkliche Änderungen eingetreten. Einmal habe sich deswegen, weil die Bezüge der im öffentlichen Dienst Beschäftigten dem allgemeinen Aufwärtstrend der Nominaleinkommen nur zögernd folgten, neben einer realen auch eine relative Verschlechterung ihrer Einkommenslage ergeben. Dann aber sei innerhalb dieser Gruppe eine weitere relative Verschlechterung bei den im höheren Dienst beschäftigten Beamten gegenüber den übrigen Beamten eingetreten. Das hier anknüpfende Problem einer Abwanderung qualifizierter potentieller Nachwuchskräfte ist vielschichtig. Für die vorliegende Fragestellung ist es insofern interessant, als daraus folgend auf längere Sicht besoldungspolitische Konsequenzen angenommen werden dürfen. Diese die Theorie der finanzpolitischen Entscheidungsfindungen berührende Frage ist spezifisch finanzsoziologischer Natur.

γ) Soweit zu Änderungen der Besoldungshöhe. Grundsätzlich kann die Besoldungspolitik entweder dem Unterhalts- oder Sozialprinzip oder dem Leistungsprinzip folgen.

Im ersten Falle steht der Gedanke der Alimentation im Vordergrund, die Dienstbezüge sollen dem Beamten, der in ein dauerndes, nicht kündbares Rechts- und Lebensverhältnis zum Staat tritt, für sich und seine Familie einen standesgemäßen und gesicherten Unterhalt gewährleisten.

Im zweiten Falle dagegen ist der Gedanke der Äquivalenz vorherrschend. Die Besoldung ist eine Gegenleistung des Staates für tatsächlich geleistete Dienste des im Staatsdienst Beschäftigten, ist im eigentlichen Sinne Arbeitsentgelt. Entfällt die Tätigkeit, so entfällt auch die Bezahlung.

Es ist evident, daß diese Prinzipien auch gesellschaftspolitische Bedeutung haben. Das gilt ebenfalls von den Einstellungsbedingungen und den Laufbahnbestimmungen. Die Auswahl der Einzustellenden und ihre Aufstiegschancen können bestimmt sein von ihrer Leistungsfähigkeit, aber auch von anderen Voraussetzungen nicht allein sachlicher Natur, die mit bestimmten Präferenzen gegenüber der sozialen Herkunft des Bewerbers zusammenhängen. Die Möglichkeit, daß mit der Auswahl auch verteilungspolitisch bedeutsame Entscheidungen vorweggenommen werden, ist geringer bei leistungs- als bei sozialbedingter Auswahl. Im ersten Falle ist die zwischen den Sektoren Wirtschaft und Staat denkbare Ausgleichstendenz, zumindest im Falle des Nachwuchses und in Zeiten der Vollbeschäftigung, größer als im zweiten. Die Chance, endgültige Vorteile zu erhalten, u. U. aber auch — wenn etwa das Streben nach einer Staatsstellung bei den Bewerbern auch bei geringer Besoldung wegen der sozialen Geltung des Beamtentums durchschlagend ist — Nachteile zu tragen, ist dabei wie allemal vom Gesamtspiel der ökonomischen Größen, d. h. davon abhängig, wie sich die Preise und die Einkommen anderer Schichten entwickeln.

2. Beeinflussung der Produktpreisbildung

Hier handelt es sich um die Frage, wie weit die öffentliche Hand durch den Einsatz ausgabepolitischer Mittel auf die Preisbildung der von privaten Produzenten — auch von öffentlichen Betrieben, soweit sie Preiseinkommen erzielen — angebotenen Produkte Einfluß nehmen kann und wie weit hiervon die Einkommensverteilung betroffen wird.

a) Als Instrumente der Ausgabenpolitik spielen in diesem Zusammenhang in einer Reihe von Ländern die *Subventionen* eine nicht zu übersehende Rolle. Darunter sollen im folgenden nur Leistungen an Produktionswirtschaften verstanden werden, nicht aber unmittelbar Haushalten zugewendete, wie z. B. Mietbeihilfen, die in der Literatur gelegentlich als Mietsubventionen bezeichnet werden. Bei den Subventionen kann es sich um einmalige Zuschüsse oder um laufende, von der Produktions- oder Absatzmenge abhängige Zuwendungen handeln. Außer in der Form von Geldzahlungen können sie als Zinsverbilligungen, bis hin zum Zinsverzicht, bei den Aktivkrediten der öffentlichen Hand in Erscheinung treten. Aber auch die Form von Steuernachlässen ist zu erwähnen, wie ja überhaupt ganz allgemein Subventionen als negative indirekte Steuern bezeichnet werden. Subventionen können den Sinn einer Förderungs- oder Erhaltungsmaßnahme haben. Im einen Falle soll eine — zeitlich und sachlich begrenzte — Starthilfe zur Erhöhung der Lebensfähigkeit der begünstigten Wirtschaften gegeben werden. Im anderen Falle sind bestimmte Wirtschaftseinheiten oder Wirtschaftszweige auf die Dauer zu stützen. Allgemeine oder globale Subventionen begünstigen alle Unternehmungen einer Branche, partielle dagegen nur bestimmte. Als Beispiel seien Getreideablieferungsprämien auf der einen, Begünstigungen von Unternehmungen in Notstandsgebieten auf der anderen Seite angeführt.

b) Wem die Vorteile der Subventionen letztlich zufallen — und damit kommen wir zum hier interessierenden Problem — ist das Korrelat zur Frage der endgültigen Lastenverteilung bei den Steuern. Primär begünstigen zwar Subventionen die Produktionswirtschaften. Sie sind zunächst die Nutznießer. Sekundär können jedoch die Käufer einen Vorteil erzielen, wenn nämlich die Preise der von ihnen erworbenen Güter und Dienste infolge der an die Verkäufer gezahlten Subventionen sinken (oder, wie etwa andernfalls möglich, nicht steigen) und deshalb die reale Kaufkraft der Käufer steigt (bzw. nicht sinkt).

In welchem Maße die Entlastungswirkung der Subventionen die Verkäufer oder die Käufer trifft, hängt von einer Reihe von Tatbeständen ab: Einmal von der staatlichen Preispolitik. Werden die Preise der subventionierten Güter behördlich festgelegt, so ist der relative Vorteil, der Verkäufern und Käufern zufließt, prinzipiell errechenbar[1]). Das gilt, unter der Voraussetzung, daß die Kosten bekannt sind, für die Vorteilsverteilung pro Einheit der Produkte. Die Masse des Vorteils hängt von der Umsatzmenge und damit bereits auch hier von einer ökonomischen Beziehung, der Nachfragefunktion, ab, die im folgenden eine entscheidende Rolle spielt.

Herrscht auf dem Markt der subventionierten Produkte Preisfreiheit, so liegen die Dinge anders. Dann ergibt sich eine ähnliche Problematik, wie sie in der Steuerüberwälzungstheorie eingehend zu behandeln sein wird. Vorwegnehmend sei bereits auf die Bedeutung der Preiselastizität des Angebots und der Nachfrage verwiesen. Bei verhältnismäßig starrer Nachfrage[2]) und verhältnismäßig elastischem Angebot werden die Nachfrager, bei entspre-

---

[1]) An dieser Stelle ist zu bemerken, daß im Falle behördlicher Preisfestsetzung Subventionen auch die Aufgabe haben können, „Spannungen" (Ragnar Frisch) auszugleichen, die sich infolge eines unterhalb des Gleichgewichtspreises angesetzten „politischen" Preises zwischen Angebot und Nachfrage, mit der Folge „schwarzer" Märkte, ergeben mögen.

[2]) Liegt eine geringe Nachfrageelastizität vor (starre Nachfrage), so wird bei einem möglichen Sinken der Preise die Nachfrage nicht merklich angehoben, im Falle einer elastischen Nachfrage dagegen ist einem Sinken der Preise ein starkes Ansteigen der Nachfrage zugeordnet. Elastisches Angebot

chend elastischer Nachfrage und starrem Angebot dagegen die Anbieter den größeren Vorteil von den Subventionen haben; d. h., im ersten Falle werden die Preise stärker fallen, ein größerer Teil der Vorteile wird den Nachfragern zugute kommen und damit ihr Realeinkommen in stärkerem Maße erhöht werden als im zweiten Falle.

c) Soweit zur Verteilung der Vorteile zwischen (inter) Anbietern und Nachfragern: Eine je nachdem größere oder kleinere (nominale) Verbesserung bei den Verkäufern, eine je nachdem größere oder kleinere (reale) Verbesserung bei den Käufern in dem Maße, wie sie bei gegebenen Nominaleinkommen ein größeres Güterpaket erwerben können.

Insofern Subventionen nur für bestimmte Güter oder Güterklassen gewährt werden, ist darüber hinaus auch eine Veränderung der Verteilung innerhalb (intra) der Gesamtheiten der Anbieter oder der Nachfrager zu erwarten. Auf der Angebotsseite, denken wir z. B. an die Subventionierung bestimmter landwirtschaftlicher Produkte oder von Produkten aus Notstandsgebieten, ist das ohne weiteres ersichtlich; die begünstigten Produzenten werden durch die Subventionierung anderen Produzenten gegenüber besser gestellt als sie es vorher waren. Aber auch die Realeinkommensverteilung innerhalb der Nachfrager kann durch Subventionen verändert werden; betrifft die Begünstigung Güter oder Dienstleistungen des sog. Massenverbrauchs, so werden die Einkommensschwachen, sind es dagegen Luxusgüter, so mögen vorzüglich die Bezieher höherer Einkommen den Vorteil erhalten.

d) Ein Sonderproblem ergibt sich bei solchen Subventionen, die nicht global allen Anbietern eines Gutes oder einer Gütergruppe, sondern nur bestimmten von ihnen ge-

---

bedeutet, daß bereits bei einem geringen zusätzlichen Anstieg der Einnahmen pro Verkaufseinheit (Marktpreis plus Subvention) das Angebot stark steigt, unelastisches Angebot dagegen, daß das Angebot im Falle einer bestimmten Einnahmeerhöhung nur in geringem Maße ansteigt. Daraus ergibt sich das im Text gesagte: Bei im Verhältnis zum Angebot starrer Nachfrage wird der Preis subventionierter Güter stärker fallen müssen, um Angebot und Nachfrage in das Gleichgewicht zu bringen, als im Falle einer im Verhältnis zum Angebot elastischen Nachfrage.

währt werden. Sie sollen in stärkerem Maße notleidende Schichten bevorzugen, z. B. Anbieter, die bei gegebenen Marktpreisen nicht mehr konkurrenzfähig sind, deren Existenz aber aus bestimmten Gründen schutzwürdig erscheint. In zweifacher Hinsicht sind diese partiellen Subventionen beachtlich: einmal ist gegenüber solchen, die global allen Anbietern eines Gutes oder einer Gütergruppe gewährt werden, ein geringerer Aufwand erforderlich: Der Staat finanziert nur die Schwachen, er trägt aber nicht zur Bildung von Sondergewinnen „intramarginaler", d. h. solcher Anbieter bei, die auch bei gegebenen Marktpreisen lebensfähig sind, und bei globalen Subventionen zusätzliche Einnahmen, sogenannte „Differentialrenten", erzielen. Zum anderen werden partielle Subventionen nur in geringerem Maße eine Erhöhung des Angebots bewirken. Eine Marktfülle, oft Mitursache der Schwäche des Teils der Anbieter, die zu Subventionen Anlaß geben, wird dann weniger stark in Erscheinung treten als bei globalen, weil hier auch die intramarginalen Produzenten ihr Angebot erhöhen. Das gilt, wenn die intramarginalen Anbieter, wie die Preistheorie voraussetzt, bei höheren Preisen ebenfalls ihre Produktion solange erhöhen, bis die Grenzkosten den nunmehr höheren Erlösen (Marktpreis + Subvention) gleichen.

3. Beeinflussung der Einkommen der privaten Haushaltungen

a) Die öffentliche Hand (Gebietskörperschaften, Sozialversicherungsträger, auch andere Hilfsfiski wie die Familienausgleichskassen) kann auch unmittelbar auf die den privaten Haushalten zufließenden Einkommensströme einwirken, indem sie Geldzahlungen (Transferzahlungen) leistet, denen keine spezielle Gegenleistung gegenübersteht, wie dies bei den Personalausgaben der Fall ist. Als Transferzahlungen werden u. a. bezeichnet: Unterstützungszahlungen bei Arbeitslosigkeit, bei anderweitigem Notstand, Ausgleichszahlungen an kinderreiche Familien, Zahlungen an Kriegsversehrte, Mietsubventionen. Den Charakter von Transferzahlungen haben solche Leistungen streng genommen nur insoweit, als sie nicht durch früher von den Begünstigten eingezahlte Beiträge vorausgedeckt worden sind. Sonst handelt es sich um Versicherungsleistungen. Die Einordnung der Pensionszahlungen mag strittig sein. Behandelt man sie als „späten Lohn", d. h. aufgeschobene Zahlungen für früher erbrachte Leistungen, so gehören sie nicht zu den Transferzahlungen. Die Zinszahlungen der öffentlichen Hand für aufgenommene Kredite gehören zwar zu den Transferzahlungen, auch sie haben redistributive Wirkungen und sind deswegen zu erwähnen, sollen jedoch ausführlich erst im vierten Band im Zusammenhang mit der Problematik des öffentlichen Kredits behandelt werden.

b) Auch die mit der allgemeinen Staatstätigkeit verbundenen Leistungen können daraufhin untersucht werden, wieweit sich aus ihnen unter wohlstandsökonomischen Gesichtspunkten Vorteile für einzelne Personen oder Personengruppen ergeben. Es handelt sich dabei einmal um die unentgeltliche Hingabe von Gütern oder Dienstleistungen, z. B. im öffentlichen Gesundheitsdienst oder im Schulwesen bzw. ihre Zurverfügungstellung zu Sätzen, die unter den Kosten liegen.

Dann aber steht die durch Staatsleistungen ermöglichte freie Straßenbenutzung, Erholungsmöglichkeit in Parkanlagen, auf Spiel- und Sportplätzen usw. zur Debatte. Darüber hinaus mag sogar die Frage gestellt werden, wieweit die Gewährung allgemeiner innerer Sicherheit durch Verwaltung, Polizei- und Gerichtswesen und äußerer Sicherheit durch die Wehrkräfte hier wesentlich erscheinen. — Wir wissen, soweit für die Produktion dieser Leistungen von der öffentlichen Hand laufend Mittel aufzuwenden sind, werden pari passu dadurch Einkommen geschaffen, die außer ihrer primären weitere Kreislaufwirkungen nach sich ziehen; das ist übrigens sekundär auch bei den Transferzahlungen der Fall. Darum handelt es sich hier aber nicht, sondern um die Frage, wieweit die aus der Staatstätigkeit fließenden Leistungen als individuellen Haushaltungen Vorteile bringende, d. h. zurechenbare Leistungen (divisibles) angenommen werden dürfen.

c) Die monetären Transferzahlungen sind gewiß den zurechenbaren Ausgaben (divisibles) zuzuordnen und auch bei genügender Aufbereitung der Unterlagen statistisch zu erfassen. Desgleichen in grundsätzlicher Hinsicht solche Sach- und Personalausgaben, die sich in Gratisleistungen der öffentlichen Hand für die gesundheitliche Betreuung, im Unterrichtswesen u. a. m. niederschlagen. Was dem einzelnen an Vorteilen aus der freien Nutzung von Straßen, Sportplätzen u. a. m. und darüber hinaus durch die Gewährung äußerer und innerer Sicherheit zufließt, entzieht sich dagegen einer zurechenbaren Erfassung. Es ist immerhin darauf hinzuweisen, daß die Annahme der nationalökonomischen Klassiker, nach der die Vermögenden einen größeren Vorteil aus der Eigentum und Erwerb schützenden Staatstätigkeit ziehen, auch eine Aussage über die Zurechenbarkeit solcher Staatsleistungen impliziert. Solche Gedanken, die zu einer Zurechnung proportional zum Einkommen oder Vermögen führen, spielen auch heute noch eine gewisse Rolle, sind im ganzen jedoch nicht überzeugend. Im allgemeinen werden deshalb die genannten Kategorien der Staatsleistungen als nicht zurechenbare (indivisibles) bezeichnet.

d) Bei den zurechenbaren Staatsleistungen kann man mit progressiven, proportionalen und regressiven Wirkungen rechnen. Unter progressiver Wirkung wird in diesem Zusammenhang verstanden, daß den weniger bemittelten Schichten ein höherer Anteil unentgeltlicher Staatsleistungen zufließt als den bemittelten. Als regressiv wirkend werden solche Leistungen bezeichnet, bei denen in stärkerem Umfang einkommensstarken Schichten Vorteile zugute kommen. Bei proportionaler Wirkung wird ein allen Einkommensschichten gleichmäßig zufließender Vorteil angenommen.

Es ist selbstverständlich, daß das Eintreffen der einen oder der anderen Wirkung von einer Reihe von Faktoren abhängt, unter denen vor allem die den Ausgaben zugrundeliegenden Rechtsnormen (wer erhält Staatsleistungen der bezeichneten Art: nur Bedürftige oder alle? Wie hoch sind die Leistungen im Einzelfall?), aber auch die ökonomische Lage der potentiellen Nutznießer eine Rolle spielen. So ist eine regressive Wirkung, z. B. bei Ausgaben für das höhere Schulwesen dann gegeben, wenn es den unbemittelten Schichten nicht möglich ist, die potentiellen Vorteile in Anspruch zu nehmen, weil sie ihre Kinder so früh wie möglich in das Erwerbsleben eintreten lassen müssen. Hier könnten erst zusätzliche Transferzahlungen in der Form, z. B. von Erziehungsbeihilfen die Regressionswirkung der genannten öffentlichen Leistungen beseitigen. Bei Unterstützungsleistungen, die von der Bedürftigkeit abhängig gemacht werden, ist dagegen von vornherein eine progressive Wirkung gegeben.

e) Eine empirische Erforschung dieser Zusammenhänge liegt noch im Anfang. Für Deutschland zeigen die von H. Jecht durchgeführten Untersuchungen beachtenswerte Ansätze, deren weiterer Ausbau durch entsprechende Erweiterung der amtlichen Einkommensstatistik gefördert würde. Bisher fehlen hier ausreichende Unterlagen. Für andere Länder liegen bereits weiterreichende Untersuchungen vor, auf die in der Literaturübersicht verwiesen wird. So sind, um nur ein Beispiel anzuführen, für England Berechnungen über die Redistributionswirkungen der Staatsfinanzen durchgeführt worden. Danach haben (U. K. Hicks nach Tibor Barna) im Jahre 1937 im Rahmen bestimmter Einkommensschichten Unterstützungsleistungen progressive, Schulddienstleistungen regressive, Leistungen des Gesundheitsdienstes proportionale Verteilungswirkungen gehabt. Die Gesamtheit zurechenbarer Staatsleistungen hat sich in bedeutend stärkerem Maße bei den unteren Einkommensschichten ausgewirkt, die insgesamt — auch unter Berücksichtigung der Steuerbelastung — eine Verbesserung ihrer Einkommenslage erzielten.

§ 4. Die Vergabe öffentlicher Aufträge

Die quantitative Fixierung der öffentlichen Ausgaben als Plangrößen erfolgt durch Haushaltspläne, die tatsächlich verausgabten Summen sind in den Haushaltsrechnungen verzeichnet. Dazwischen liegt die Periode des Planvollzugs. Hierbei sind eine Reihe von Bestimmungen zu beachten, welche die qualitative Natur des Ausgabewesens betreffen: Bei den Personalausgaben z. B. die Besoldungsordnungen, bei den Transferzahlungen die Sozialgesetzgebung usw. Das Korrelat hinsichtlich der Sachausgaben sind die Vergabebestimmungen, nach denen die Auftragsvergabe erfolgt, einschl. zu beachtender Preisvorschriften. Das Vergabewesen ist in verschiedener Hinsicht bedeutungsvoll.

1. Grundsatz der Sparsamkeit

Wesentliches bei der Vergabe öffentlicher Aufträge zu beachtendes Moment ist es zunächst, dem Prinzip der Sparsamkeit zu dienen. Die im Haushaltsplan veranschlagten Summen sind unter Schonung der Quellen, andererseits aber so zu verwenden, daß sie dem gedachten Zweck dienen. Unterschleife sind auszuschließen. Sparsamkeit bedeutet nicht unbedingt, daß dem billigsten Angebot der Zuschlag erteilt wird, darunter könnte die Zweckdienlichkeit leiden. Nicht nur die Preise, sondern auch die Qualitäten angebotener Leistungen sind zu beachten. Beide, Preise und Qualitäten, sind in ein *optimales* Verhältnis zu bringen. Erstes Erfordernis dafür ist Vergleichbarkeit. Deshalb liegt es im Sinne rationalen Verhaltens, durch die Organisation des Vergabewesens den auftraggebenden Stellen eine möglichst weitgehende Transparenz der in Frage kommenden Märkte zu verschaffen.

Grundsätzlich kennt man im öffentlichen Vergabewesen zwei Verfahren: Die Ausschreibung und die freihändige Vergabe. Bei der *Ausschreibung* werden Aufträge im Wege des Wettbewerbs erteilt. Durch öffentliche Bekanntmachung wird eine unbeschränkte Zahl von Unternehmern zur Einreichung von Angeboten aufgefordert. Die Auftragserteilung erfolgt nach Durchführung eines formell strengen Verfahrens. Der *freihändigen Vergabe* mangelt ein förmliches Verfahren. Vielmehr werden Aufträge nach freiem Ermessen des Auftraggebers erteilt. Die deutschen Vergabeordnungen, die Verdingungsordnung für Leistungen (ausgenommen Bauleistungen) (VOL) und die Verdingungsordnung für Bauleistungen (VOB) kennen noch die *beschränkte Ausschreibung*, bei der nur eine begrenzte Zahl von Unternehmern zur Einreichung von Angeboten aufgefordert wird.

Die öffentliche Ausschreibung soll die Regel bilden. Freihändige Vergabe kann angewandt werden, wenn bestimmte Bedingungen (nach der VOL z. B. bei monopolartigen Leistungen, bei gewissen Börsenwaren, wenn die Leistungen nach Art und Umfang vor der Vergabe nicht so genau und eindeutig festgelegt werden können, daß die Angebote genügend vergleichsfähig sind usw.) vorliegen. Es ist jedoch aktenkundig zu machen, warum so verfahren wurde.

Mit der grundsätzlichen Bevorzugung der Ausschreibung wird nicht nur das Ziel verfolgt, durch ein strenges förmliches Verfahren etwa mögliche Korruption zu unterbinden, sondern vor allem auch, den Markt transparent zu machen, Vergleiche zu erleichtern. Immerhin ist darauf aufmerksam zu machen, daß gerade die Erreichung dieses Zweckes durch sogenannte „Deckofferten" (preisüberhöhte Scheinangebote einiger Anbieter zum Vorteil anderer) verhindert werden kann.

Neben den Verdingungsordnungen spielen die *Preisvorschriften* im öffentlichen Auftragswesen eine bedeutende Rolle. Die in der Bundesrepublik geltenden Preisvorschriften — sie haben in ihrem Geltungsbereich den Vorrang vor den Vorschriften der VOL — sehen vor: Nach Möglichkeit sind feste Preise zu vereinbaren. Marktpreisen ist grundsätzlich der Vorzug zu geben. Selbstkostenpreise (Selbstkostenfestpreise, Selbstkostenrichtpreise, Selbstkostenerstattungspreise), die auf die „angemessenen Kosten des Auftragnehmers abgestellt werden", dürfen nur ausnahmsweise vereinbart werden. So, wenn feste Marktpreise für marktgängige Leistungen (unter Berücksichtigung bestehender Preisvorschriften) nicht festgestellt werden können oder wenn eine Mangellage vorliegt oder der Wettbewerb auf der Anbieterseite beschränkt ist. Es ist offenbar, daß dadurch einer Preisüberhöhung entgegengewirkt werden soll.

2. Wirtschaftspolitische Bedeutung des Vergabewesens

Die Bedeutung des Vergabewesens erschöpft sich nicht in dem rein fiskalischen Zweck, den öffentlichen Auftraggebern das Auffinden der wirtschaftlich günstigsten Einkaufsquellen zu erschließen. Die öffentliche Hand übt durch die Auftragsvergabe einen bedeutenden Einfluß auf die Produktion aus, dessen gesamtwirtschaftliche Relevanz bereits im § 2 dieses Kapitels behandelt wurde. Daneben sind aber auch die strukturellen Bezüge zu betonen.

So ist die Ausschreibung auch unter dem Gesichtspunkt zu betrachten, daß sie allen lieferfähigen und lieferwilligen Produzenten die Chance eröffnet, Aufträge zu erhalten. Nicht leistungsbedingte Präferenzen können so weitmöglichst ausgeschlossen werden. Dieser Spezialfall einer neutralen Haltung der öffentlichen Hand hat damit wettbewerbspolitische Bedeutung. Bei beschränkter Ausschreibung oder freihändiger Vergabe ist die Neutralität dagegen nicht oder nur unter besonderen Bedingungen gewährleistet, sie ist jedenfalls nicht institutionell verankert. Die Indifferenz gegenüber den Anbietern kann noch dadurch verstärkt werden, daß bei der Ausschreibung umfangreicher Leistungen diese in Lose zerlegt werden, damit auch kleinere Unternehmer in den Kreis der Beauftragten treten können. Wieweit dabei durch eine in der VOL erwähnte „unwirtschaftliche Zersplitterung“ das Postulat billiger Bedarfsdeckung tangiert wird, ist eine Tatbestandsfrage. Es zeigt sich auch hier, daß verschiedene Zielsetzungen nicht immer voll miteinander vereinbar sein müssen, so daß ein Wahlproblem entsteht.

In ganz anderem Sinne mag ein mehr oder weniger starkes Abweichen vom Grundsatz der Neutralität bewußt erfolgen. So, wenn aus regional-strukturpolitischen Gründen Bewerber aus Notstandsgebieten oder aus sozialpolitischen Gründen wirtschaftlich weniger Leistungsfähige

(Kriegsversehrte, Vertriebene und politische Flüchtlinge) bei der Auftragsvergabe bevorzugt werden. Hinweise oder Vorschriften über die bevorzugende Berücksichtigung kleiner und mittlerer Betriebe, vor allem von Handwerksbetrieben, mögen ebenfalls den Anschein einer nicht neutralen Verhaltensweise erwecken. Immerhin ist das auf dem Hintergrund der Tatsache zu sehen, daß es eine Reihe von öffentlichen Aufträgen gibt, die aus rein technischen Gründen von kleineren Unternehmungen nicht erfüllt werden können, auch nicht durch Weitergabe von mittelbaren Aufträgen an kleinere Unternehmen durch die unmittelbaren Auftragnehmer, und somit große Unternehmen auftragsmäßig begünstigen. Insoweit würde eine bewußte Bevorzugung kleinerer Unternehmungen dort, wo es möglich ist, nur einem gewissen Vorteilsausgleich dienen.

§ 5. Die Entwicklung der öffentlichen Ausgaben

1. Das Wachsen der Gesamtausgaben

Die Vielfalt der Gliederungsmöglichkeiten öffentlicher Ausgaben wurde dargelegt, eine Reihe von Wirkungen, die von den öffentlichen Ausgaben auf die Gesamtwirtschaft und die Einzelwirtschaften ausgehen, ist erörtert worden. Abschließend gilt es, einen Blick auf das tatsächliche Ausmaß und die Entwicklung der öffentlichen Ausgaben zu werfen. Aus den vorhandenen Statistiken, die im wesentlichen auf Haushaltsrechnungen beruhen, läßt sich als erstes Ergebnis ein ständiges Wachsen ablesen.

Gewiß ist eine solche Erscheinung schon deshalb verständlich, weil sich langfristig die Bevölkerungszahlen erhöht haben und auch deswegen, weil die gegebenen Zahlen Nominalwerte darstellen. Soweit während des Beobachtungszeitraumes Geldentwertungen vorgekommen sind — und das ist der Fall — müßten demnach sogar bei gleichbleibender realer Höhe der Ausgaben ihre nominellen Werte angestiegen sein. Aber die tatsächliche Entwicklung geht über die aus diesen Gründen erklärbaren Wirkungen beträchtlich hinaus. Die öffentlichen Ausgaben sind sowohl relativ zur Bevölkerungszahl gewachsen, das zeigen steigende Kopfquoten, als auch gegenüber dem Volkseinkommen, wie sich an laufend erhöhten v. H.-Zahlen der öffentlichen Ausgaben im Verhältnis zum Volkseinkommen erweist. Da bei Geldentwertung sowohl die Ausgaben als auch das Volkseinkommen annäherungsweise gleichmäßig inflationiert werden, zeigen die v.H.-Werte ein nicht oder höchstens in geringem Umfange durch Inflationstendenzen verzerrtes Bild.

Es ist zu bemerken, daß der Tatbestand steigender öffentlicher Ausgaben seit langem beobachtet wird. Bereits Wilhelm Roscher bringt eine ganze Reihe von Beispielen und Adolph Wagner hat in diesem Zusammenhang sogar von einem „Gesetz des wachsenden Finanzbedarfs" gesprochen, das er auf ein „Gesetz der wachsenden Ausdehnung der öffentlichen, insbesondere der Staatstätigkeiten" zurückführte. Der Suche nach Gründen für dieses Phänomen seien einige Zahlenübersichten vorangestellt.

In Deutschland[1]) sind (vgl. Tabelle IX) die gesamten öffentlichen Ausgaben von 1913 bis 1955 pro Kopf der Bevölkerung von 122 Mark auf 986 DM gestiegen. Allerdings ist die fallende Kaufkraft des Geldes in diesen Werten nicht berücksichtigt. Stellt man die Ausgaben den jeweiligen Werten des Volkseinkommens gegenüber — dabei werden die aus inflationistischen Entwicklungen rührenden Verzerrungen weitgehend ausgeschaltet — so zeigt sich ganz deutlich, daß der von der öffentlichen Hand in Anspruch genommene Anteil bedeutend gewachsen ist, von 15,7 % im Jahre 1913 auf 36,7 % im Jahre 1955. Die mehr als ein weiteres Jahrhundert zurückreichenden Werte der Bundesausgaben der Vereinigten Staaten von Amerika (vgl. Tabelle X) zeigen grundsätzlich das gleiche Bild: Die Nominalausgaben wachsen von 9,7 Millionen $ im Jahre

[1]) Deutsches Reich bzw. Bundesrepublik Deutschland. Die Tatsache, daß das der Beobachtung zugrunde liegende Staatsgebiet sich während des Beobachtungszeitraumes verkleinert hat sowie eine Veränderung nicht nur der Bevölkerungszahlen, sondern vor allem auch der Struktur der Bevölkerung eingetreten ist, muß in Kauf genommen werden. Z. T. wird dieser Mangel durch die Verwendung von Relativzahlen gemindert.

Tabelle IX

Die öffentlichen Ausgaben in Deutschland[1]) 1913—1955

Jahr	Eigenausgaben (Rechnungsjahr)		Volkseinkommen[2]) (Kalenderjahr)	Eigenausgaben in % vom Volkseinkommen
	Mrd. M, RM, DM	je Kopf der Bevölkerung M, RM, DM	Mrd. M, RM, DM	
1913	7,2	122	45,7	15,7
1925	14,5	232	60,0	24,1
1926	17,2	274	62,7	27,4
1927	18,8	297	70,8	26,6
1928	20,8	327	75,4	27,6
1929	20,9	326	75,9	27,5
1930	20,4	317	70,2	29,1
1931	17,0	263	57,5	29,5
1932	14,5	224	45,2	32,2
1933	15,3[3])	235	46,5	32,9
1934	17,4[3])	265	52,8	33,0

1935	18,9[3])	283	59,1	32,0
1936	22,1[3])	328	65,8[4])	33,6
1937	26,4[3])	389	73,8[4])	35,8
1938	40,0[3])	531	86,7[4])	46,1
1939	61,2[3])	704	98,3[4])	62,3
1949	22,3	476	63,1	35,3
1950	27,3	575	74,5	36,7
1951	35,4	736	91,2	38,8
1952	39,0	804	101,4	38,4
1953	44,3	904	108,9	40,7
1954	48,0	968	117,0	41,0
1955	49,3	986	134,3	36,7

Quellen: Statistische Jahrbücher für das Deutsche Reich bzw. für die Bundesrepublik Deutschland, Statistisches Handbuch von Deutschland, München 1949. Statistik der Bundesrepublik Deutschland.

[1]) Eigenausgaben von Reich bzw. Bund, Ländern und Gemeinden sowie Lastenausgleichsfonds.
1913 und 1925—1934: Reichsgebiet von 1925 ohne Saargebiet.
1934—1939: jeweiliges Reichsgebiet.
1949—1955: Bundesgebiet (ohne Saarland und Berlin, West).

[2]) Bis 1939 nach der Definition des statistischen Reichsamtes; nach 1949 Nettosozialprodukt zu Faktorkosten.

[3]) Geschätzt auf Grund der Angaben im Statistischen Handbuch von Deutschland und im Statistischen Jahrbuch für das Deutsche Reich 1941/42.

[4]) Vorläufig bzw. vorläufige rohe Schätzung.

Tabelle X

Die Bundesausgaben der Vereinigten Staaten von Amerika 1799—1955
Ausgewählte Jahre

Kalenderjahr	Ausgaben			
	in Mill. $	in $ je Kopf der Bevölkerung	in % vom: Realized Private Production Income	in % vom: National Income
1799	9,7	1,87	1,45	.
1809	10,3	1,46	1,14	.
1819	21,5	2,29	2,51	.
1829	15,2	1,21	1,61	.
1839	26,9	1,61	1,71	.
1849	42,3	1,87	1,82	.
1859	66,1	2,15	1,61	.
1861	270,7	8,37	.	.
1862	594,8	17,92	.	.
1863	790,0	23,22	.	.
1864	1 081,4	31,02	.	.
1865	909,2	25,47	.	.

1869	316,3	8,10	5,03	.
1879	267,3	5,43	4,04	.
1889	308,7	5,00	3,22	.
1899	563,0	7,53	4,07	.
1909	693,7	7,67	2,89	.
1917	7 337,2	70,95	17,46	.
1918	15 605,8	149,27	31,51	.
1919	12 459,1	118,59	22,43	.
1929	3 369,6	27,67	5,72	3,86
1933	4 937,3	39,32	14,08	12,47
1939	8 885	67,89	.	12,26
1941	23 654	177,31	.	22,79
1942	56 727	420,64	.	41,56
1943	87 234	637,96	.	51,83
1944	96 738	698,99	.	52,98
1945	79 432	567,66	.	43,81
1949	39 562	265,19	.	18,30
1954	66 171	407,41	.	22,18
1955	65 555	396,65	.	20,23

Quellen: Historical Statistics of the United States 1789—1945. Statistical Abstract of the United States. Bis 1842 war das Fiskaljahr gleich dem Kalenderjahr; für die späteren Jahre sind die Ausgabengrößen auf Kalenderjahre umgerechnet.

1799, 693,7 Millionen $ im Jahre 1909 auf 65 555 Millionen $ im Jahre 1955 an. Die entsprechenden Kopfquoten lauten 1,87 $, 7,67 $ und 396,65 $. Der Anteil am Volkseinkommen (hilfsweise bis 1929 an den etwas niedriger liegenden Werten des „realized private production income“ gemessen) ist gleichzeitig von 1,45 % und 2,89 % auf 20,23 % gestiegen. Für Großbritannien kann eine säkulare Steigerungstendenz im großen und ganzen, soweit aus den allerdings z. T. auf Schätzungen beruhenden Zahlen (vgl. Tabelle XI) zu schließen ist, zeitlich noch weiter zurückverfolgt werden. Aber auch in diesem Lande zeigt sich ein besonders bemerkenswerter Anstieg im 20. Jahrhundert. Nach Angaben von U. K. Hicks (British Public Finances) ist der Anteil der gesamten öffentlichen Ausgaben am Volkseinkommen — Ausnahmejahre vernachlässigt — in der Zeit vor 1913 mit maximal 15 % und in der Zwischenkriegszeit mit etwas über 30 % auf durchschnittlich etwa 40 % nach dem letzten Kriege gestiegen.

Verfolgt man die Entwicklung innerhalb der angeführten weitgespannten Zeiträume, so wird deutlich, daß die Zunahme der öffentlichen Ausgaben keineswegs kontinuierlich erfolgt. In Kriegszeiten steigen die Ausgaben steil an, so infolge des Bürgerkriegs die Bundesausgaben der Vereinigten Staaten von Amerika in den Jahren 1861—1865. Der beachtliche Wert von über einer Milliarde $ im Jahre 1864 wird dann erst wieder im Jahre 1916, kurz vor Eintritt der Vereinigten Staaten in den Ersten Weltkrieg, erreicht. Während dieses Krieges steigen die Ausgaben im Maximum (1918) auf 15,6 Milliarden $ und im zweiten Weltkrieg wird im Jahre 1944 fast die 100-Milliarden-$-Grenze erreicht. Die Veränderung des Ausgabenanteils am Volkseinkommen zeigt, soweit errechnet, die gleiche Entwicklungsrichtung, jedoch etwas gemildert deswegen, weil die in den steigenden Nominalwerten der Ausgaben zum Ausdruck kommende gewisse Geldentwertung durch die Bezugnahme auf das ebenfalls inflationierte Volkseinkommen annähernd ausgeschaltet wird. In Großbritannien haben die Gesamtausgaben der öffentlichen Hand im ersten

Tabelle XI

Die Ausgaben Großbritanniens 1692—1890[1])

Zeitabschnitt	Ausgaben[2])		
	in Mill. £	in £ je Kopf der Bevölkerung	in % vom Volkseinkommen
1692 bis 1755	4,1 6,4	0,6 0,8	9,1 5,3
1756 bis 1792	7,0 18,6	0,9 1,7	5,8 8,1
1793 bis 1835	18,1 50,1	1,7 2,0	8,0 11,9
1836 bis 1890	52,7 96,5	2,0 2,6	12,5 6,0

[1]) Nach Jens Jessen, „Das ‚Gesetz der wachsenden Ausdehnung des Finanzbedarfs'", in: Schmollers Jahrbuch 67. Jg. 1943, I. Halbbd. S. 548.

[2]) Vermutlich ohne Gemeindeausgaben.

bzw. zweiten Weltkrieg Anteile am Volkseinkommen von fast 75 % bzw. mehr als 80 % erreicht. Dabei ist allerdings zu bedenken, daß Transferzahlungen, die einen beachtlichen Teil der öffentlichen Leistungen ausmachen können, wohl die Höhe der öffentlichen Ausgaben, nicht aber das Volkseinkommen berühren.

Die Entwicklung wird aber nicht allein durch diese Übersteigerung in Kriegszeiten gekennzeichnet, sondern durch eine Stufenbildung. Im Rahmen des allgemeinen Anstiegs bewirken Kriegszeiten keineswegs nur eine vorübergehende Unterbrechung einer im übrigen kontinuierlichen Entwicklung. Vielmehr ist deutlich zu erkennen, sowohl bei Betrachtung der absoluten Beträge als auch der Kopfquoten und Ausgabenanteile am Volkseinkommen, daß die Ausgaben nach Kriegen nicht wieder auf den Vorkriegsstand bzw. auf einen dem Vorkriegstrend entsprechenden Stand fallen, sondern auf einem höheren Niveau verbleiben. Sie sinken zwar, so besonders deutlich in den Zahlen der Vereinigten Staaten zu erkennen, nach beendigtem Kriege wieder ab, aber doch nicht so, daß der Vorkriegsstand auch nur annähernd erreicht würde. Verfolgt man die Zahlen zwischen den beiden Weltkriegen, so wird das Bild ab 1933 durch eine Zwischenstufe modifiziert, die durch die wirtschaftspolitischen Anstrengungen im Zusammenhang mit der Krisenbekämpfung, vor allem durch den New Deal, bedingt ist. Die stufenförmige Entwicklung zeichnet sich besonders klar in Großbritannien ab. Wie bereits angeführt, haben nach U. K. Hicks bis 1913 die öffentlichen Ausgaben nicht mehr als 15 % vom Volkseinkommen betragen, während sie in der Zwischenkriegszeit einen „Normalstand" von etwas über 30 % und in der Zeit nach dem zweiten Weltkriege sogar von etwa 40 % erreichten. Auch in Deutschland weisen die öffentlichen Ausgaben eine derartige Entwicklung in Stufen auf. Die seit dem Jahre 1936 deutlich werdende Steigerung ist durch Rüstungsausgaben entscheidend geprägt und stellt somit eine Sonderentwicklung dar.

2. Die Veränderung der Ausgaben für verschiedene Ausgabezwecke

Eine Erklärung der Wachstumserscheinungen wird sicher nicht monokausal erfolgen können. Es werden mehrere Gründe sein, die für eine derartige Entwicklung verantwortlich sind. Zunächst spielen offensichtlich die *Verteidigungsausgaben* eine bestimmende Rolle. Es betrugen die Ausgaben für Wehrmacht und äußere Kriegslasten in Deutschland (vgl. Tabelle XII) in den Jahren 1913 1,8 Mrd. M, 1929 2,7 Mrd. RM, 1950 im kleineren Gebiet 4,7 Mrd. DM und 1954 8,0 Mrd. DM. Im Verhältnis zum Volkseinkommen waren das jeweils 3,99 %, 3,59 %, 6,30 % und 6,88 %. Die Verteidigungsausgaben in Großbritannien betrugen lt. U. K. Hicks in den Jahren 1880 2,5 %, 1923 2,7 % und 1950 6,9 % vom Volkseinkommen. Für das Wachstum ist wohl vor allem die fortschreitende Technisierung verantwortlich, die sowohl für schwere Erdwaffen, die Marine und für den Ausbau der Luftwaffe, zukünftig für die Umstellung auf Raketen und Atomwaffen in zunehmendem Maße die Bereitstellung finanzieller Mittel erforderlich macht.

Wenn soweit deutlich wird, daß die Verteidigungsausgaben einen wachsenden Anteil des Volkseinkommens binden, so ist andererseits darauf hinzuweisen, daß diese nicht allein für das Wachstum der gesamten öffentlichen Ausgaben verantwortlich sind. Abgesehen von Kriegszeiten mag ihr Anteil an den Gesamtausgaben — die ja stärker als das Volkseinkommen steigen — sogar fallen. So wurden lt. Hicks in Großbritannien im Jahre 1880 33 %, 1950 dagegen 25 % der öffentlichen Ausgaben für Verteidigungszwecke verwendet, nachdem im Jahre 1923 der v.H.-Satz sogar auf 14 gefallen war. In Deutschland betrugen (Errechnung nach Tabellen IX und XII) die v.H.-Teile der Ausgaben für Wehrmacht und äußere Kriegslasten in den Jahren 1913 etwas über 25 %, 1929 etwa 13 % und 1954 (einschließlich Besatzungskosten) etwas unter 17 %.

Tabelle XII

Die Ausgaben nach Aufgabengebieten in Deutschland[1]) 1913—1954 (ausgewählte Jahre)

Jahr	Volkseinkommen (VE) (Kalenderjahr) Mrd. M, RM, DM	Eigenausgaben (Rechnungsjahr)							
		Allgemeine Verwaltung[2]) etc.		Bildung[3])		Wohlfahrt[4])		Wohnungswesen	
		in Millionen M, RM, DM	% v. VE	in Millionen M, RM, DM	% v. VE	in Millionen M, RM, DM	% v. VE	in Millionen M, RM, DM	% v. VE
1913	45,7	1 696,1	3,71	1 391,8	3,05	691,4	1,51	31,3	0,07
1929	75,9	4 061,1	5,35	3 334,6	4,39	3 962,6	5,22	1 598,7	2,11
1950	74,5	3 773,7	5,07	2 805,3	3,77	3 712,8	4,98	2 089,1	2,80
1954	117,0	7 425,4	6,35	5 194,5	4,44	6 879,1	5,88	3 867,3	3,31

[1]) Eigenausgaben von Reich bzw. Bund, Ländern und Gemeinden sowie Lastenausgleich ohne die Eigenausgaben Westberlins in den Jahren 1950 und 1954.

[2]) Oberste Staats- und Gemeindeorgane, allg. innere Verwaltung, auswärtige Angelegenheiten, Finanz- und Steuerverwaltung, Schuldendienst und -verwaltung, Polizei, Rechtspflege.

[3]) Schulen, Wissenschaft, Kunst, Volksbildung, Kirche.

[4]) Allg. Fürsorge, Jugendfürsorge, Gesundheitswesen, Arbeitslosenfürsorge etc.

Jahr	Volkseinkommen (VE) (Kalenderjahr) Mrd. M, RM, DM	Eigenausgaben (Rechnungsjahr)							
		Wirtschaft und Verkehr[5])		Wehrmacht und äußere Kriegslasten[6])		Innere Kriegslasten[7])		Sonstiges[8])	
		in Millionen M, RM, DM	% v. VE	in Millionen M, RM, DM	% v. VE	in Millionen M, RM, DM	% v. VE	in Millionen M, RM, DM	% v. VE
1913	45,7	1 017,8	2,23	1 821,8	3,99	62,5	0,14	465,5	1,02
1929	75,9	2 202,9	2,90	2 722,2	3,59	2 078,5	2,74	910,8	1,20
1950	74,5	3 321,5	4,46	4 695,2	6,30	5 527,7	7,42	1 398,0	1,88
1954	117,0	5 914,6	4,37	8 049,3	6,88	7 974,7	6,82	3 450,0	2,95

[5]) Ernährung, Förderung von Land- und Forstwirtschaft, Handel, Industrie und Gewerbe; Verkehr.

[6]) Wehrmacht, Reparationen, Besatzungs- und Besatzungsfolgekosten.

[7]) Soziale Kriegsfolgelasten (Kriegsfolgenhilfe, Versorgung der verdr. Beamten, Leistungen des Lastenausgleichsfonds etc.) und übrige Kriegsfolgelasten (Kriegsschädenbeseitigung, Wiederaufbau etc.).

[8]) Förderung der gemeindl. Anstalten und Einrichtungen, Kolonien, den Hoheitsverwaltungen zugerechnete Ausgaben für das Erwerbsvermögen, Wiedergutmachung.

Quellen: Die Ausgabenzahlen sind den Statistischen Jahrbüchern für das Deutsche Reich 1929 und 1932 bzw. für die Bundesrepublik Deutschland 1954 und 1956 entnommen, wobei, um eine gewisse Vergleichbarkeit der Ausgabenkategorien zu gewinnen, einige Umstellungen vorgenommen worden sind; ferner wurden für 1954 die Eigenausgaben Westberlins abgezogen; ihre Größe wurde aus Bd. 163 der Reihe Einzelschriften zur Statistik der Bundesrepublik Deutschland „Die staatlichen Finanzen im Rechnungsjahr 1954" entnommen. Vgl. hinsichtlich der Volkseinkommenszahlen Tab. IX.

Allerdings, um die Bedeutung der mit Wehrzwecken zusammenhängenden Ausgaben zu würdigen, sind nicht nur die unmittelbaren, sondern auch die mittelbaren Lasten zu berücksichtigen. Während und vor allem nach Kriegen entstehen über die eigentlichen Verteidigungsausgaben hinaus zusätzliche Ausgabeverpflichtungen vor allem für Sozialleistungen. Diese *Kriegsfolge-* oder *inneren Kriegslasten* haben in Deutschland sowohl nach dem ersten als auch nach dem zweiten Weltkrieg eine beachtliche Höhe erreicht, wobei sie absolut und relativ nach dem letzten Krieg weitaus höher lagen als in der Zeit nach dem ersten Weltkrieg. Zieht man diese Lasten in die Betrachtung ein, so ergibt sich ein völlig verändertes Bild gegenüber einer Betrachtung lediglich der erstgenannten Ausgaben. Während 1913 die äußeren und inneren Kriegslasten etwa 26 % der gesamten öffentlichen Ausgaben in Anspruch nahmen, so dagegen im Jahre 1954 etwas über 33 %.

Dennoch reichen all diese Veränderungen nicht aus, um die gekennzeichnete Entwicklung der Gesamtausgaben zu erklären. Vielmehr weisen auch andere öffentliche Ausgaben während und nach Kriegen beachtliche Steigerungen auf. Das trifft z. B. bei den Ausgaben für das *Wohnungswesen* zu, die in Deutschland im Jahre 1913 mit 31,3 Millionen Mark nur 0,07 % des Volkseinkommens betrugen, 1929 mit beinahe 1,6 Mrd. RM jedoch 2,11 % und 1954 in der Bundesrepublik mit nahezu 3,9 Mrd. DM sogar 3,31 % des Volkseinkommens banden. Ähnlich ist das Bild in anderen vom Kriege betroffenen Ländern.

Sind die öffentlichen Ausgaben für das Wohnungswesen wesentlich sozialpolitischer Natur und verbleiben diese Ausgaben aus einer Reihe von Gründen auch dann noch, wenn die erste Notzeit (Schaffung von Ersatz für den im Kriege zerstörten Wohnraum) vorüber ist, z. T. auch deswegen, weil der Wohnungssektor weiterhin aus der Marktwirtschaft ausgeklammert bleibt, auf beachtenswerter Höhe, so trifft dieses auch für eine Reihe weiterer Ausgaben zu. Es ist davon gesprochen worden, daß die Neigung oder der Zwang, in Kriegs- oder Nachkriegszeiten solche *Sozial-*

reformen durchzuführen, die an sich schon drängten, aber bisher immer wieder aufgeschoben wurden und nunmehr nachgeholt werden, zur Stufenbildung in der Entwicklung der öffentlichen Ausgaben wesentlich beigetragen habe. So hat Jens Jessen bemerkt: „Auch die Durchführung sehr vieler sogenannter Reformen ... wird in der besonderen Atmosphäre des Krieges viel leichter erreicht als in Friedenszeiten ... Alles ist im Verlauf des Krieges anders geworden, auch das Verhältnis des einzelnen zur Finanzwirtschaft hat sich geändert. Sie gibt ihm ja in der Erhöhung des Gemeinschaftsbedarfs auch viel Neues. Dies und die offenbare Unmöglichkeit der Rückbildung der Ausgaben überschatten alles übrige." Besonders deutlich wird eine solche Entwicklung in Großbritannien. So sind z. B. die Ausgaben für das Gesundheitswesen (Public Health and National Health Service) stufenweise gestiegen: von 4,7 Mill. £, d. h. 0,2 % des Volkseinkommens im Jahre 1910, und 44,4 Mill. £ oder 1,1 % des Volkseinkommens im Jahre 1923, auf 448,8 Mill. £ oder 4,0 % des Volkseinkommens im Jahre 1951. Auch die Ausgaben im Rahmen der „Social Security" sind von 1923 mit 41,2 Mill. £ oder 1,0 % des Volkseinkommens auf 428,0 Mill. £ oder 3,8 % des Volkseinkommens im Jahre 1951 gewachsen.

Die Ausgaben für die *allgemeine Verwaltung* und die obersten Staatsorgane, Polizei, Rechtspflege, Finanz- und Steuerverwaltung, Schuldendienst und -verwaltung wachsen ebenfalls ständig an. Darauf ist bereits frühzeitig hingewiesen worden. Wagner hat davon gesprochen, daß sich im „entwickelten Staate" mehr und mehr ein Präventivprinzip durchsetze. Im Zusammenhang mit Rechtspflege und Polizeiwesen bedeutet dies, daß durch verhütende Einrichtungen und Maßnahmen, die zunehmend stehendes Kapital und qualifizierte Arbeit erfordern, „Rechtsstörungen überhaupt möglichst vermieden werden". Wenn die Maxime: „Vorbeugen ist besser als Heilen" in dieser Weise befolgt wird, ist es verständlich, daß bei wachsender Bevölkerung, die parallel mit einer Zusammenballung großer Menschenmassen in Städten und anderen dichtbesiedelten Gebieten geht, die Ausgaben nicht nur proportional, sondern überproportional wachsen müssen. Die Entwicklung der gesamten obengenannten Ausgabenkategorie zeigt in Deutschland recht deutlich ein absolutes und relatives Wachstum. Wurden 1913 etwa 1,7 Mrd. M oder 3,7 % vom Volkseinkommen, 1929 etwa 4,1 Mrd. RM oder 5,3 % vom Volkseinkommen ausgegeben, so im Jahre 1954 in der Bundesrepublik etwa 7,4 Mrd. DM oder 6,3 % vom Volkseinkommen.

Bei all dem schlägt gewiß auch eine gewisse Remanenz der Ausgaben durch: Selbst wenn der ursprüngliche Zweck, der die Ausgabenbewilligung veranlaßte, voll oder zum großen Teil wegen Erfüllung der Aufgaben entfällt und somit nicht mehr ein voller Einsatz, insbesondere qualifizierter Kräfte erforderlich erscheint, ist es aller Erfahrung nach schwer, die Ausgaben nunmehr in entsprechender Weise zu senken. Diese Beharrungstendenz, von den betroffenen leitenden Kräften aus subjektiv verständlichen Motiven in der Regel kaum gehemmt, mag gewiß auch einnahmepolitisch — Gewöhnung der Öffentlichkeit an einmal erhobene Steuern und damit verbunden geringerer Druck in Richtung auf Einsparungserfordernisse bei der Verwaltung — begründet sein. Dann aber besteht, insbesondere bei Vorherrschen des bei der Erörterung der Besoldungspolitik erwähnten Sozial- oder Unterhaltsprinzips, eine sich auch auf nichtbeamtete Kräfte ausdehnende Schwierigkeit, einmal besetzte Stellen wieder entfallen zu lassen. Das zeigt sich immer wieder dann, wenn in Kriegs- oder Nachkriegszeiten Verwaltungen errichtet oder erweitert werden, deren Aufgabenbereiche später schrumpfen oder sogar ganz entfallen. Die an sich freiwerdenden Kräfte werden so lange wie möglich gehalten oder bei anderen Dienststellen untergebracht.

Auch die Ausgaben für *Wirtschaft und Verkehr* zeigen absolut und relativ zum Volkseinkommen eine steigende Tendenz und tragen somit zur Gesamtentwicklung in charakteristischer Weise bei.

Eine begründete Erwartung, daß die Ausgaben für das *Bildungswesen* einen besonders deutlich spürbaren Anteil am Wachstum der öffentlichen Ausgaben ausmachen, kann aus folgenden Überlegungen abgeleitet werden: Einmal wird mit wachsender Zivilisation und Fortschreiten der Technisierung aller Lebensbereiche ein erhöhtes Ausmaß an Ausbildungsmöglichkeiten erforderlich, um mit der Entwicklung, auch im Hinblick auf die in anderen Ländern vonstatten gehende, Schritt halten zu können. Dann aber: Der Staat übernimmt im Zuge einer allgemeinen „Demokratisierung" des Zugangs zum Gute „Bildung" einen großen Teil der entstehenden und — gerade im Falle der technischen Ausbildung — merkbar wachsenden Kosten. Er tritt einmal deswegen, weil private Bildungsstätten nicht ausreichen können, zum anderen aus gesellschaftspolitischen Gründen als Förderer auf. Es ist in diesem Zusammenhang bemerkenswert, daß in Deutschland die öffentlichen Ausgaben für das Bildungswesen im Beobachtungszeitraum in ihrer absoluten Höhe durchaus gestiegen sind. Während 1913 etwa 1,4 Mrd. M ausgegeben wurden, und 1929 etwa 3,3 Mrd. RM, so 1954 im kleineren Bundesgebiet etwa 5,2 Mrd. DM. Ein die Verzerrungen durch Inflationstendenzen ausschaltendes besseres Bild ergeben die zum Volkseinkommen in Beziehung gesetzten v. H.-Werte. Hier zeigt sich nur eine leichte Erhöhung an. Im Verhältnis zum Volkseinkommen sind die Ausgaben für Bildungszwecke von etwa 3 % im Jahre 1913 und etwa 4,4 % im Jahre 1929 auf etwas über 4,4 % im Jahre 1954 gestiegen, nachdem im Jahre 1950 sogar nur etwas unter 3,8 % erreicht worden waren.

Die angezeigte geringe Steigerung unterscheidet die Bildungsausgaben beachtlich von den Ausgaben für alle anderen Aufgabengebiete, die nicht nur absolut, sondern auch im Verhältnis zum Volkseinkommen bedeutend stärker angestiegen sind.

Literaturhinweise

Für Kap. I

zu §§ 1 und 2:

Allen, E. D. and Brownlee, O. H., Economics of Public Finance, New York 1947

Amonn, A., Grundsätze der Finanzwissenschaft, 1. Bd., Bern 1947

Buehler, A. G., Public Finance, 3. Aufl., New York—Toronto—London 1948

Dalton, H., Principles of Public Finance, 4. Aufl., London 1954

Gerloff, W., Die öffentliche Finanzwirtschaft, 1. Bd., Frankfurt 1948

Groves, H. M., Financing Government, 3. Aufl., New York 1951

Haller, H., Finanzpolitik, Tübingen 1957

Handbuch der Finanzwissenschaft, 2. Aufl., hrsg. von W. Gerloff und F. Neumark, 1. Bd., Teil I, Tübingen 1952

Hicks, U., Public Finance, 2. Aufl., London 1955

Jecht, H., Wesen und Formen der Finanzwissenschaft, Jena 1928

Mann, F. K., Die Staatswirtschaft unserer Zeit, Jena 1930

Mann, F. K., Steuerpolitische Ideale (Finanzwissenschaftl. Forschungen, Heft 5), Jena 1937

Marco, A. de Viti de, Grundlehren der Finanzwirtschaft, Tübingen 1932

Pigou, A. C., A Study in Public Finance, 3. Aufl., London 1951

Somers, H. M., Public Finance and National Income, Philadelphia—Toronto 1949

Studenski, P., Chapters in Public Finance, New York 1933

Terhalle, F., Finanzwissenschaft, Jena 1930

Terhalle, F., Die Finanzwirtschaft des Staates und der Gemeinden, Berlin 1948

Wagner, A., Finanzwissenschaft, I. Teil (Lehrbuch der politischen Ökonomie, Bd. V), 3. Aufl., Leipzig 1883

zu § 3:

Amonn, A., Grundsätze der Finanzwissenschaft, 1. Bd., Bern 1947

Buehler, A. G., Public Finance, 3. Aufl., New York—Toronto—London 1948

Gerloff, W., Die öffentliche Finanzwirtschaft, 1. Bd., Frankfurt 1948

Handbuch der Finanzwissenschaft, 2. Aufl., hrsg. von W. Gerloff und F. Neumark, 1. Bd., Teil II, Tübingen 1952

Jecht, H., Wesen und Formen der Finanzwissenschaft, Jena 1928

Lauffenburger, H., Finances comparées, 2. Aufl., Paris 1950

Mann, F. K., Steuerpolitische Ideale (Finanzwissenschaftl. Forschungen, Heft 5), Jena 1937

Wagner, A., Finanzwissenschaft, I. Teil (Lehrbuch der politischen Ökonomie, Bd. V), 3. Aufl., Leipzig 1883

Weber, M., Wirtschaft und Gesellschaft (Grundriß der Sozialökonomik, III. Abteilung), Tübingen 1922

Tautscher, A., Die öffentliche Wirtschaft, Berlin 1953

Für Kap. II

zu § 1:

Frisch, R., Price-Wage-Tax-Subsidy Policies as Instruments in Maintaining Optimal Employment (E/CN. 1/Sub. 2/13, 18. April 1949, United Nations, Economic and Social Council)

Haller, H., Finanzpolitik, Tübingen 1957

Nell-Breuning, O. v., „Gemeinsames und Trennendes in den Hauptrichtungen der Wirschaftswissenschaft und Wirtschaftspolitik" und „Sinnbestimmung der Wirtschaft aus letzten Gründen", in: Grundsatzfragen der Wirtschaftsordnung (Wirtschaftswissenschaftliche Abhandlungen, Heft 2), Berlin 1954

Tinbergen, J., On the Theory of Economic Policy, Amsterdam 1952

Weber, M., „Die ‚Objektivität' sozialwissenschaftlicher und sozialpolitischer Erkenntnis", in: Gesammelte Aufsätze zur Wissenschaftslehre, 2. Aufl., Tübingen 1951

Weisser, G., „Die Überwindung des Ökonomismus in der Wirtschaftswissenschaft" und „Grundsätze der Verteilungspolitik", in: Grundsatzfragen der Wirtschaftsordnung, a.a.O.

zu § 2:

Colm, G., Essays in Public Finance and Fiscal Policy, New York 1955

Haavelmo, T., „Multiplier Effects of a Balanced Budget", in: Econometrica, Vol. XIII, 1945, abgedruckt in Readings in Fiscal Policy, Homewood, Ill. — London 1955

Haller, H., Finanzpolitik, Tübingen 1957

Kolms, H., Marktwirtschaft und Wirtschaftspolitik, Frankfurt 1958

Mann, F. K., Steuerpolitische Ideale (Finanzwissenschaftl. Forschungen, Heft 5), Jena 1937

Nell-Breuning, O. v., „Gemeinsames und Trennendes in den Hauptrichtungen der Wirtschaftswissenschaft und Wirtschaftspolitik" und „Sinnbestimmung der Wirtschaft aus letzten Gründen", in: Grundsatzfragen der Wirtschaftsordnung, a.a.O.

Ricardo, D., On the Principles of Political Economy and Taxation, London 1817. Ins Deutsche übertragen nach der 3. Aufl. 1821 von H. Waentig (Sammlung sozialwissenschaftlicher Meister, hrsg. v. H. Waentig, Bd. 5), Jena 1923

Smith, A., An Inquiry into the Nature and Causes of the Wealth of Nations, 5. Buch, London 1776. Ins Deutsche übertragen nach der 4. Aufl. 1786 von E. Grünfeld (Sammlung sozialwissenschaftlicher Meister, hrsg. von H. Waentig, Bd. 12), Jena 1923

Somers, H. M., Public Finance and National Income, Philadelphia—Toronto 1949

Weisser, G., „Die Überwindung des Ökonomismus in der Wirtschaftswissenschaft" und „Grundsätze der Verteilungspolitik", in: Grundsatzfragen der Wirtschaftsordnung, a.a.O.

zu §§ 3 und 4:

Allen, E. D. and Brownlee, O. H., Economics of Public Finance, New York 1947

Buehler, A. G., Public Finance, 3. Aufl., New York—Toronto—London 1948

Cohn, G., Betrachtungen über die Finanzreform des Reiches, Stuttgart 1913

Colm, G., Essays in Public Finance and Fiscal Policy, New York 1955

Duhmer, W., Das öffentliche Vermögen (Schriftenreihe des Instituts „Finanzen und Steuern", Heft 35), Bonn 1955

Erzberger, M., Reden zur Neuordnung des deutschen Finanzwesens, Berlin 1919

Groves, H. M., Financing Government, 3. Aufl., New York 1951

Haller, H., Finanzpolitik, Tübingen 1957

Handbuch der Finanzwissenschaft, 2. Aufl., hrsg. von W. Gerloff und F. Neumark, 1. Bd., Teil II, Tübingen 1952

Hicks, U., Steuerpolitik im Wohlfahrtsstaat. Dt. von G. Schmölders (Finanzwisenschaftliche Forschungsarbeiten, Neue Folge, Heft 3), Berlin 1953

Jecht, H., „Staatliche Wirtschaftspolitik und Einkommensverteilung", in: Einkommensbildung und Einkommensverteilung (Schriften des Vereins für Socialpolitik, N. F., Bd. 13), Berlin 1957

Lassalle, F., Die indirekte Steuer und die Lage der arbeitenden Klassen. Verteidigungsrede vor dem königlichen Kammergericht zu Berlin, Zürich 1863. Abgedruckt in: Ferdinand Lassalles Reden und Schriften, hrsg. von E. Bernstein, Berlin 1892 ff.

Lindahl, E., Studies in the Theory of Money and Capital, London 1939

Mann, F. K., Steuerpolitische Ideale (Finanzwissenschaftliche Forschungen, Heft 5), Jena 1937

Myrdal, G., Finanspolitikens ekonomiska verkningar, Statens offentliga utredningar, 1934, No. 1 (vgl. dazu Darstellung E. Lindahls, a.a.O., S. 353)

Neumann, F. J. v., Die persönlichen Steuern vom Einkommen, verbunden mit Ertrags- oder mit Vermögenssteuern, Tübingen 1896

Pigou, A. C., A Study in Public Finance, 3. Aufl., London 1951

Sultan, H., „Finanzwissenschaft und Soziologie", in: Handbuch der Finanzwissenschaft, 2. Aufl., 1. Bd., Teil I, Tübingen 1952

Teschemacher, H., Reichsfinanzreform und Innere Reichspolitik 1906—1913, Berlin 1915

Wagner, A., Finanzwissenschaft, II. Teil (Lehrbuch der politischen Ökonomie, Bd. VI), 2. Aufl., Leipzig 1890

Weisser, G., „Grundsätze der Verteilungspolitik", in: Grundsatzfragen der Wirtschaftsordnung (Wirtschaftswissenschaftliche Abhandlungen, Heft 2), Berlin 1954 zu § 5:

Brönner, H., Die Besteuerung der Gesellschaften, des Gesellschafterwechsels und der Umwandlungen, 9. Aufl., Stuttgart 1957

Bühler, O., Steuerrecht der Gesellschaften und Konzerne, 3. Aufl., Berlin 1956

Pohmer, D., „Zur Abstimmung des Steuersystems auf die Wirtschaftsordnung", in: Finanzarchiv, N. F., Bd. 15, Tübingen 1955

Pohmer, D., „Zur Frage der Wiedereinführung der umsatzsteuerlichen Organschaft und zum Problem der Unternehmereinheit juristischer Personen", in: Finanzarchiv, N. F., Bd. 16, Tübingen 1956

Schmölders, G., „Entwicklung und Wandlung der Körperschaftsteuer", in: Steuer und Wirtschaft, XXV. Jg., 1948

Schmölders, G., „Die geschichtliche Entwicklung der Betriebsbesteuerung" und „Bemessungsgrundlagen der Betriebsbesteuerung", in: Steuer und Wirtschaft, XXVI. Jg., 1949

Schmölders, G., „Steuersystem und Wettbewerbsordnung", in: Ordo-Jahrbuch, 3. Bd., 1950

Schultze-Schlutius, H.-G., Die Organtheorie unter besonderer Berücksichtigung der Kapitalgesellschaften, 2. Aufl., Düsseldorf 1956

Studenski, P., „Toward a Theory of Business Taxation", in: Journal of Political Economy, Vol. XLVIII, Nr. 5, Chicago 1940, abgedruckt in: Viewpoints on Public Finance, New York 1950

zu § 6:

Boulding, K. E., Economic Analysis, New York—London 1941, (S. 572)

Miksch, L., Wettbewerb als Aufgabe, 2. Aufl., Godesberg 1947

Robinson, J., The Economics of Imperfect Competition, London 1950 (S. 163 f.)

zu § 7:

Colm, G., Essays in Public Finance and Fiscal Policy, New York 1955

Freudenberg, H. E., Die Subventionen, Tübingen 1934

Haller, H., Finanzpolitik, Tübingen 1957

Köppe, H., „Branntweinsteuer", in: Handwörterbuch der Staatswissenschaften, 4. Aufl., 3. Bd., Jena 1926

Mann, F. K., Steuerpolitische Ideale (Finanzwissenschaftl. Forschungen, Heft 5), Jena 1937

Schmölders, G., „Das Verbrauchs- und Aufwandsteuersystem" in: Handbuch der Finanzwissenschaft, 2. Aufl., 2. Bd., Teil VIII, Tübingen 1956

Siegert, E., „Zölle", in: Handbuch der Finanzwissenschaft, 2. Aufl., 2. Bd., Teil VIII, Tübingen 1956

Wagner, A., Agrar- und Industriestaat, 2. Aufl., Jena 1902

Wagner, A., Finanzwissenschaft, III. Teil (Lehr- und Handbuch der politischen Ökonomie), 2. Aufl., Leipzig 1910

Zachau-Mengers, G., Subventionen als Mittel moderner Wirtschaftspolitik, Berlin 1930 zu § 8:

Allen, E. D. and Brownlee, O. H., Economics of Public Finance, New York 1947

Beveridge, W. H., Full Employment in a Free Society, London 1944. Dt.: Vollbeschäftigung in einer freien Gesellschaft, übers. von C. Luetkens, Hamburg 1946

Boulding, K. E., The Economics of Peace, New York 1945, Dt.: Friedenswirtschaft, übers. von H. Mast, Bern 1945

Bretherton, R. F., Burchardt, F. A., and Rutherford, R. F. G., Public Investment and the Trade Cycle, Oxford 1941

Buehler, A. G., Public Finance, 3. Aufl., New York—Toronto—London 1948

Colm, G., „Fiscal Policy", in: The New Economics. Keynes' Influence on Theory and Public Policy, New York 1948

Colm, G., Essays in Public Finance and Fiscal Policy, New York 1955

Dalton, H., Principles of Public Finance, 4. Aufl., London 1954

Fick, H., Finanzwirtschaft und Konjunktur, Jena 1932

Financing American Prosperity, hrsg. von P. T. Homann und F. Machlup, New York 1945

Friedman, M., „A Monetary and Fiscal Framework for Economic Stability", in: The American Economic Review, Vol. XXXVIII, 1948, abgedruckt in: Readings in Monetary Theory, New York—Philadelphia—Toronto 1951

Gerloff, W., Die öffentliche Finanzwirtschaft, 2. Bd., Frankfurt 1950

Grotkopp, W., Die große Krise, Düsseldorf 1954

Groves, H. M., Postwar Taxation and Economic Progress, New York —London 1946

Groves, H. M., Financing Government, 3. Aufl., New York 1951

Haller, H., Finanzpolitik, Tübingen 1957

Hansen, A. H., Fiscal Policy and Business Cycles, New York 1941

Hansen, A. H., Economic Policy and Full Employment, New York—London 1947

Hansen, A. H., Monetary Theory and Fiscal Policy, New York—Toronto—London 1949

Hansen, A. H., Business Cycles and National Income, New York 1951

Hart, A. G., „'Model-Building' and Fiscal Policy", in: The American Economic Review, Vol. XXXV, 1945, abgedruckt in: Readings in Fiscal Policy, Homewood, Ill. — London 1955

Hicks, U., Public Finance, 2. Aufl., London 1955

Higgins, B., Public Investment and Full Employment, Montreal 1946

Keynes, J. M., The General Theory of Employment, Interest, and Money, London 1936

Keynes, J. M., How to Pay for the War, London 1940

Kolms, H., „Vollbeschäftigungspolitik und ihre Mittel in neueren Veröffentlichungen", in: Jahrbuch für Sozialwissenschaft, Bd. 1, Göttingen 1950

La Roche, C., Beschäftigungspolitik in der Demokratie, Zürich 1947

Monetary and Fiscal Policy for Greater Economic Stability, hrsg. vom Committee for Economic Development, New York 1948

Musgrave, R. A., and Miller, M. H., „Built-in Flexibility", in: The American Economic Review, Vol. XXXVIII, 1948, abgedruckt in: Readings in Fiscal Policy, Homewood, Ill. — London 1955

Nurkse, R., „Domestic and International Equilibrium", in: The New Economics. Keynes' Influence on Theory and Public Policy, New York 1948

Paulsen, A., Allgemeine Volkswirtschaftslehre, Bd. II, 2. Aufl., Berlin 1958

Pigou, A. C., A Study in Public Finance, 3. Aufl., London 1951

Public Finance and Full Employment (Postwar Economic Studies Nr. 3), Board of Governors of the Federal Reserve System, Washington 1945

Readings in Fiscal Policy, hrsg. von der American Economic Association, ausgewählt von A. Smithies und J. K. Butters, Homewood, Ill. — London 1955

Robinson, J., Das Problem der Vollbeschäftigung, dt. von E. Osterkamp, Köln 1949

Samuelson, P. A., Economics, New York—Toronto—London 1948

Somers, H. M., Public Finance and National Income, Philadelphia—Toronto 1949

Taxes and the Budget, hrsg. vom Committee for Economic Development, New York 1947

Terhalle, F., Finanzwissenschaft, Jena 1930

Vollbeschäftigung (Sechs Studien zur Theorie der Wirtschaftspolitik), hrsg. vom Statistischen Institut der Universität Oxford, Dt. von C. Reiner, Bern 1946

Für Kap. III

zu § 1:

Bickel, W., „Finanzwissenschaft und Statistik", in: Handbuch der Finanzwissenschaft, 2. Aufl., 1. Bd., Teil I, Tübingen 1952

Bombach, G., „Staatshaushalt und volkswirtschaftliche Gesamtrechnung", in: Finanzarchiv, N. F., Bd. 17, Tübingen 1956/57

Buehler, A. G., Public Finance, 3. Aufl., New York—Toronto—London 1948

Bundeshaushaltsplan für das Rechnungsjahr 1957, Berlin—Bonn 1957

Colm, G., Essays in Public Finance and Fiscal Policy, New York 1955

Edey, H. C. and Peacock, A. T., National Income and Social Accounting, London 1954

Groves, H. M., Financing Government, 3. Aufl., New York 1951

Grünig, F., „Die Anfänge der ‚volkswirtschaftlichen Gesamtrechnung' in Deutschland", in: Beiträge zur empirischen Konjunkturforschung, Berlin 1950

Income and Wealth, Series I, hrsg. von E. Lundberg, Cambridge 1951

Kolms, H., Marktwirtschaft und Wirtschaftspolitik, Frankfurt 1958

Die kommunalen Finanzen im Rechnungsjahr ... (lfd.), Statistik der Bundesrepublik Deutschland, hrsg. vom Statistischen Bundesamt, Wiesbaden

Masoin, M., „Die öffentlichen Ausgaben", in: Handbuch der Finanzwissenschaft, 2. Aufl., 2. Bd., Teil V, Tübingen 1956

Musgrave, R. A., „Theorie der öffentlichen Schuld", in: Handbuch der Finanzwissenschaft, 2. Aufl., 3. Bd., Teil X (20. und 21. Lieferung), Tübingen 1956

Neumark, F., Aktuelle Budget- und Steuerfragen (Schriftenreihe des Instituts „Finanzen und Steuern", Heft 25), Bonn 1952

Pigou, A. C., A Study in Public Finance, 3. Aufl., London 1951

Ruggles, R., National Income Accounting and its Relation to Economic Policy, Paris 1949

Ruggles, R., An Introduction to National Income and Income Analysis, New York—Toronto—London 1949. Dt.: Volkseinkommen und volkswirtschaftliche Gesamtrechnung, übers. von R. Mortenthaler, Wien—Stuttgart 1952

Schanz, G. v., „Budget", in: Handwörterbuch der Staatswissenschaften, 4. Aufl., 3. Bd., Jena 1926

A Simplified System of National Accounts, hrsg. von der OEEC, Paris 1951

Die staatlichen Finanzen im Rechnungsjahr .. (lfd.), Statistik der Bundesrepublik Deutschland, hrsg. vom Statistischen Bundesamt, Wiesbaden

A Standardised System of National Accounts, hrsg. von der OEEC, Paris 1952. Dt.: Ein Standard-System volkswirtschaftlicher Gesamtrechnungen, Statistisches Bundesamt, Bonn 1953

Statistisches Jahrbuch für die Bundesrepublik Deutschland, hrg. vom Statistischen Bundesamt Wiesbaden

Studenski, P., Chapters in Public Finance, New York 1933

Terhalle, F., Finanzwissenschaft, Jena 1930

Terhalle, F., Die Finanzwirtschaft des Staates und der Gemeinden, Berlin 1948

Vierteljahrshefte zur Wirtschaftsforschung, hrsg. vom Deutschen Institut für Wirtschaftsforschung, Berlin

Weichmann, H. und Wawrczeck, C., Neuordnung der öffentlichen Haushalte, Hamburg 1952

Zahn, F., „Finanzwirtschaft und Statistik", in: Handbuch der Finanzwissenschaft, 1. Aufl., hrsg. von W. Gerloff und F. Meisel, 1. Bd., Teil I, Tübingen 1926

Zahn, F., „Finanzstatistik", in: Handwörterbuch der Staatswissenschaften, 4. Aufl., 4. Bd., Jena 1927

zu § 2:

Außer der Literatur zu Kap. II, § 8, noch folgende Werke:

Aftalion, A., Les Crises périodiques de surproduction, Tome II: Les mouvements périodiques de la production, Paris 1913

Clark, J. M., „Business Acceleration and the Law of Demand: A Technical Factor in Economic Cycles", in: Journal of Political Economy, Vol. XXV, 1917, abgedruckt in: Readings in Business Cycle Theory, Philadelphia—Toronto 1944

Führer, H., Die Brutto-Anlageinvestitionen in Schleswig-Holstein und ihre Wirkung auf Volkseinkommen, Beschäftigung und Produktions- und Beschäftigungskapazität in den Jahren 1949 bis 1952, Dissertation, Kiel 1954

Hart, A. G., Money, Debt, and Economic Activity, New York 1948

Hicks, J. R., A Contribution to the Theory of the Trade Cycle, 3. Aufl., Oxford 1956

Income Stabilization for a Developing Democracy, hrsg. von M. F. Millikan, Teil 2, New Haven—London 1953

Luther, H., „Die Stabilisierung der deutschen Währung", in: Zehn Jahre Deutsche Geschichte, Berlin 1928

Paulsen, A., Neue Wirtschaftslehre, 4. Aufl., Berlin—Frankfurt 1958

Samuelson, P. A., „Interactions between the Multiplier Analysis and the Principle of Acceleration", in: Review of Economic Statistics, Vol. XXI, 1939, abgedruckt in: Readings in Business Cycle Theory, Philadelphia—Toronto 1944

Schneider, E., Einführung in die Wirtschaftstheorie, 4. Aufl., Bd. III, Tübingen 1957

Der wissenschaftliche Beirat beim Bundeswirtschaftsministerium, 4. Bd. (Gutachten vom Januar 1955 bis Dezember 1956), Göttingen 1957

zu § 3:

Adler, J. H., „The Fiscal System, the Distribution of Income and Public Welfare", in: Fiscal Policies and the American Economy, New York 1951

Allen, E. D. and Brownlee, O. H., Economics of Public Finance, New York 1947

Barna, T., Redistribution of Income through Public Finance in 1937, Oxford 1945

Brochier, H., Finances publiques et rédistributions des revenues, Paris 1950

Buehler, A. G., Public Finance, 3. Aufl., New York—Toronto—London 1948

Cartter, H. M., The Redistribution of Income in Postwar Britain, New Haven 1955

Colm, G., Volkswirtschaftliche Theorie der Staatsausgaben, Tübingen 1927

Dalton, H., Principles of Public Finance, 4. Aufl., London 1954

Freudenberg, H. E., Die Subventionen, Tübingen 1934

Groves, H. M., Financing Government, 3. Aufl., New York 1951

Haller, H., Finanzpolitik, Tübingen 1957

Hicks, U., Public Finance, 2. Aufl., London 1955

Jecht, H., „Staatliche Wirtschaftspolitik und Einkommensverteilung", in: Einkommensbildung und Einkommensverteilung (Schriften des Vereins für Socialpolitik, N. F., Bd. 13), Berlin 1957

Peacock, A. T., Income Redistribution and Social Policy, London 1954

Ritschl, H., „Die Gehaltsspannen in der Beamtenbesoldung", in: Finanzarchiv, N. F., Bd. 11, Tübingen 1949

Servais, J. L., „Die Besoldung in der öffentlichen Finanzwirtschaft", in: Handbuch der Finanzwissenschaft, 2. Aufl., 2. Bd., Teil V, Tübingen 1956

Spitaler, A., „Besoldungswesen und Besoldungspolitik in der Bundesrepublik Deutschland und in einigen anderen Ländern", in: Handbuch der Finanzwissenschaft, 2. Aufl., 2. Bd., Teil V, Tübingen 1956

Studenski, P., Chapters in Public Finance, New York 1933

Tautscher, A., Die öffentliche Wirtschaft, Berlin 1953

Teichmann, U., „Aufbau und politischer Gehalt des Brotpreises in Westdeutschland", in: WWI-Mitteilungen, 11. Jg., Heft 1, Köln 1958

Tucker, R. F., „The Distribution of Government Burdens and Benefits", in: The American Economic Review, Vol. XLIII, 1953

Zachau-Mengers, G., Subventionen als Mittel moderner Wirtschaftspolitik, Berlin 1930

zu § 4:

Amonn, A., Grundsätze der Finanzwissenschaft, 1. Bd., Bern 1947

Mann, F. K., Die Staatswirtschaft unserer Zeit, Jena 1930

Rößle, K., „Submissionswesen", in: Handwörterbuch der Staatswissenschaften, 4. Aufl., 7. Bd., Jena 1926

Terhalle, F., Die Finanzwirtschaft des Staates und der Gemeinden, Berlin 1948

Vialon, F. K., Öffentliche Finanzwirtschaft, Berlin—Frankfurt 1956

Zeiger, K., „Vergabe und Preisbildung bei öffentlichen Aufträgen", in: Taschenbuch für den Betriebswirt, Berlin—Stuttgart 1957

zu § 5:

Allen, E. D. and Brownlee, O. H., Economics of Public Finance, New York 1947

Buehler, A. G., Public Finance, 3. Aufl., New York—Toronto—London 1948

Dalton, H., Principles of Public Finance, 4. Aufl., London 1954

Fabricant, S., The Trend of Government Activity in the United States since 1900 (Publications of the National Bureau of Economic Research, No. 56), New York 1952

Groves, H. M., Financing Government, 3. Aufl., New York 1951

Heinig, K., Wenn die Soldaten . . . , Frankfurt 1957

Hicks, U., British Public Finances, New York—Toronto—London 1954

Jessen, J., „Das ‚Gesetz der wachsenden Ausdehnung des Finanzbedarfes'", in: Schmollers Jahrbuch, 67. Jg., Berlin 1943

Littmann, K., Zunehmende Staatstätigkeit und wirtschaftliche Entwicklung (Wirtschafts- und Finanzwissenschaftliche Forschungen, Bd. 1), Köln—Opladen 1957

Mann, F. K., Steuerpolitische Ideale (Finanzwissenschaftliche Forschungen, Heft 5), Jena 1937

Roscher, W., System der Finanzwissenschaft (System der Volkswirtschaft, 4. Bd.), 4. Aufl., Stuttgart 1894

Somers, H. M., Public Finance and National Income, Philadelphia—Toronto 1949

Studenski, P., Chapters in Public Finance, New York 1933

Terhalle, F., Die Finanzwirtschaft des Staates und der Gemeinden, Berlin 1948

Wagner, A., Finanzwissenschaft, I. Teil (Lehrbuch der politischen Ökonomie, Bd. V), 3. Aufl., Leipzig 1883

Zeitschriften

The American Economic Review, Menasha, Wisc.

Finanzarchiv, N. F., Tübingen

Openbare Financiën/Public Finance/Finances Publiques (N. Samson N. V.), Alphen a. d. Rijn

Schmollers Jahrbuch für Gesetzgebung, Verwaltung und Volkswirtschaft, Berlin

Steuer und Wirtschaft, München—Berlin—Göttingen—Heidelberg

Weltwirtschaftliches Archiv, Hamburg

Zeitschrift für die gesamten Staatswissenschaften, Tübingen

Handbücher, Sammelwerke und Schriftenreihen

Beiträge zur Finanzwissenschaft, Festgabe für Georg v. Schanz (2 Bde.), Tübingen 1928

Hauptprobleme der Finanzwissenschaft, in: Die Wirtschaftstheorie der Gegenwart, Bd. IV, hrsg. v. H. Mayer, Wien 1928

Handbuch der Finanzwissenschaft, 1. Aufl., hrsg. v. W. Gerloff und F. Meisel (3 Bde.), Tübingen 1926—1929

Handbuch der Finanzwissenschaft, 2. Aufl., hrsg. v. W. Gerloff und F. Neumark (3 Bde.), Tübingen 1952 ff.

Handwörterbuch der Sozialwissenschaften, Tübingen—Göttingen 1956 ff.

Handwörterbuch der Staatswissenschaften, 4. Aufl., Jena 1923—1929

Readings in Fiscal Policy, hrsg. von der American Economic Association, Homewood, Ill. — London 1955

Schriftenreihe des Instituts „Finanzen und Steuern", hrsg. v. Institut „Finanzen und Steuern", Bonn

Viewpoints on Public Finance, hrsg. v. H. M. Groves, New York 1947

(Zusammengestellt von Dipl.-Volkswirt H. Bydekarken)

Namensregister

Sachregister

Inhaltsübersicht

Geisteswissenschaften

Philosophie

Einführung in die Philosophie von *H. Leisegang* †. 3. Auflage. 145 Seiten. 1957. (*281*)

Hauptprobleme der Philosophie von *G. Simmel* †. 7., unveränderte Auflage. 177 Seiten. 1950. (*500*)

Geschichte der Philosophie

I: Die griechische Philosophie von *W. Capelle*. 1. Teil. Von Thales bis Leukippos. 2., erweiterte Auflage. 135 Seiten. 1953. (*857*)

II: Die griechische Philosophie von *W. Capelle*. 2. Teil. Von der Sophistik bis zum Tode Platons. 2., stark erweiterte Auflage. 144 Seiten. 1953. (*858*)

III: Die griechische Philosophie von *W. Capelle*. 3. Teil. Vom Tode Platons bis zur Alten Stoa. 2., stark erweiterte Auflage. 132 Seiten. 1954. (*859*)

IV: Die griechische Philosophie von *W. Capelle*. 4. Teil. Von der Alten Stoa bis zum Eklektizismus im 1. Jahrh. v. Chr. 2., stark erweiterte Auflage. 132 Seiten. 1954. (*863*)

V: Die Philosophie des Mittelalters von *J. Koch*. In Vorbereitung. (*826*)

VI: Von der Renaissance bis Kant von *K. Schilling*. 234 Seiten. 1954. (*394/394a*)

VII: Immanuel Kant von *G. Lehmann*. In Vorbereitung. (*536*)

VIII: Die Philosophie des 19. Jahrhunderts von *G. Lehmann*. 1. Teil. 151 Seiten. 1953. (*571*)

IX: Die Philosophie des 19. Jahrhunderts von *G. Lehmann*. 2. Teil. 168 Seiten. 1953. (*709*)

X: Die Philosophie im ersten Drittel des 20. Jahrhunderts I von *G. Lehmann*. 128 Seiten. 1957. (*845*)

Die geistige Situation der Zeit (1931) von *K. Jaspers*. 4., unveränderter Abdruck der 1932 bearbeiteten 5. Auflage. 211 Seiten. 1955. (*1000*)

Erkenntnistheorie von *G. Kropp*

I. Teil: Allgemeine Grundlegung. 143 Seiten. 1950. (*807*)

Formale Logik von *P. Lorenzen*. 170 Seiten. 1958. (*1176/1176a*)

Philosophisches Wörterbuch von *M. Apel* †. 5., völlig neubearbeitete Auflage von *P. Ludz*. 315 Seiten. 1958. (*1031/1031a*)

Philosophische Anthropologie. Menschliche Selbstdeutung in Geschichte und Gegenwart von *M. Landmann*. 266 Seiten. 1955. (*156/156a*)

Pädagogik, Psychologie, Soziologie

Geschichte der Pädagogik von *Herm. Weimer*. 13., durchgesehene und vermehrte Auflage von *Heinz Weimer*. 178 Seiten. 1958. (*145*)

Therapeutische Psychologie. Ihr Weg durch die Psychoanalyse von *W. M. Kranefeldt*. Mit einer Einführung von *C. G. Jung*. 3. Auflage. 152 Seiten. 1956. (*1034*)

Allgemeine Psychologie von *Th. Erismann*. 3 Bände.
I: Grundprobleme. 2., neubearbeitete Auflage. 146 Seiten. 1958. (*831*)
II: Grundarten des psychischen Geschehens. In Vorbereitung. (*832/832a*)

Soziologie. Geschichte und Hauptprobleme von *L. von Wiese*. 5. Auflage. 162 Seiten. 1954. (*101*)

Sozialpsychologie von *P. R. Hofstätter*. 181 Seiten, 15 Abbildungen, 22 Tabellen. 1956. (*104/104a*)

Empirische Sozialforschung von *G. K. Specht*. 1958. In Vorbereitung. (*1175*)

Psychologie des Berufs- und Wirtschaftslebens von *W. Moede*. 190 Seiten, 48 Abbildungen. 1958. (*851/851a*)

Industrie- und Betriebssoziologie von *R. Dahrendorf*. 120 Seiten. 1956. (*103*)

Religionswissenschaften

Jesus von *M. Dibelius* †. 2. Auflage. Unveränderter Nachdruck. 141 Seiten. 1949. (*1130*)

Paulus von *M. Dibelius* †. Nach dem Tode des Verfassers herausgegeben und zu Ende geführt von *W. G. Kümmel*. 2., durchgesehene Auflage. 155 Seiten. 1956. (*1160*)

Römische Religionsgeschichte von *F. Altheim*. 2 Bände. 2., umgearbeitete Auflage.
I: Grundlagen und Grundbegriffe. 116 Seiten. 1956. (*1035*)
II: Der geschichtliche Ablauf. 164 Seiten. 1956. (*1052*)

Geschichte Israels. Von den Anfängen bis zur Zerstörung des Tempels (70 n. Chr.) von *E. L. Ehrlich*. 158 Seiten, 1 Tafel. 1958. (*231/231a*)

Musik

Musikästhetik von *H. J. Moser*. 180 Seiten. Mit zahlreichen Notenbeispielen. 1953. (*344*)

Systematische Modulation von *R. Hernried*. 2. Auflage. 136 Seiten. Mit zahlreichen Notenbeispielen. 1950. (*1094*)

Der polyphone Satz von *E. Pepping*. 2 Bände.
I: Der cantus-firmus-Satz. 2. Auflage. 223 Seiten. Mit zahlreichen Notenbeispielen. 1950. (*1148*)
II: Übungen im doppelten Kontrapunkt und im Kanon. 137 Seiten. Mit zahlreichen Notenbeispielen. 1957. (*1164/1164a*)

Allgemeine Musiklehre von *H. J. Moser*. 2., durchgesehene Auflage. 155 Seiten. Mit zahlreichen Notenbeispielen. 1955. (*220/220a*)

Harmonielehre von *H. J. Moser*. 2 Bände.
I: 109 Seiten. Mit 120 Notenbeispielen. 1954. (*809*)

Die Musik des 19. Jahrhunderts von *W. Oehlmann*. 180 Seiten. 1953. (*170*)

Die Musik des 20. Jahrhunderts von *W. Oehlmann*. 1958. In Vorbereitung. (*171/171a*)

Technik der deutschen Gesangskunst von *H. J. Moser*. 3., durchgesehene und verbesserte Auflage. 144 Seiten, 5 Figuren sowie Tabellen und Notenbeispiele. 1954. (*576/576a*)

Die Kunst des Dirigierens von *H. W. von Waltershausen* †. 2., vermehrte Auflage. 138 Seiten. Mit 19 Notenbeispielen. 1954. (*1147*)

Die Technik des Klavierspiels aus dem Geiste des musikalischen Kunstwerkes von *K. Schubert* †. 3. Auflage. 110 Seiten. Mit Notenbeispielen. 1954. (*1045*)

Kunst

Stilkunde von *H. Weigert.* 2 Bände. 3., durchgesehene Auflage.
I: Vorzeit, Antike, Mittelalter. 136 Seiten, 94 Abbildungen. 1958. (*80*)
II: Spätmittelalter und Neuzeit. 150 Seiten, 88 Abbildungen. 1958. (*781*)

Archäologie von *A. Rumpf.* 2 Bände.
I: Einleitung, historischer Überblick. 143 Seiten, 6 Abbildungen, 12 Tafeln 1953. (*538*)
II: Die Archäologensprache. Die antiken Reproduktionen. 136 Seiten, 7 Abbildungen, 12 Tafeln. 1956. (*539*)

Geschichte

Einführung in die Geschichtswissenschaft von *P. Kirn.* 3., durchgesehene Auflage. 128 Seiten. 1958. (*270*)

Zeitrechnung der römischen Kaiserzeit, des Mittelalters und der Neuzeit für die Jahre 1—2000 n. Chr. von *H. Lietzmann* †. 3. Auflage, durchgesehen von *K. Aland.* 130 Seiten. 1956. (*1085*)

Kultur der Urzeit von *F. Behn.* 3 Bände. 4. Auflage der Kultur der Urzeit Bd. 1—3 von *M. Hoernes.*
I: Die vormetallischen Kulturen. (Die Steinzeiten Europas. Gleichartige Kulturen in anderen Erdteilen.) 172 Seiten, 48 Abbildungen. 1950. (*564*)
II: Die älteren Metallkulturen. (Der Beginn der Metallbenutzung. Kupfer- und Bronzezeit in Europa, im Orient und in Amerika.) 160 Seiten, 67 Abbildungen. 1950. (*565*)
III: Die jüngeren Metallkulturen. (Das Eisen als Kulturmetall, Hallstatt-Latène-Kultur in Europa. Das erste Auftreten des Eisens in den anderen Weltteilen.) 149 Seiten, 60 Abbildungen. 1950. (*566*)

Vorgeschichte Europas von *F. Behn.* Völlig neue Bearbeitung der 7. Auflage der „Urgeschichte der Menschheit" von *M. Hoernes.* 125 Seiten, 47 Abbildungen. 1949. (*42*)

Der Eintritt der Germanen in die Geschichte von *J. Haller.* 3. Auflage, durchgesehen von *H. Dannenbauer.* 120 Seiten, 6 Kartenskizzen. 1957. (*1117*)

Von den Karolingern zu den Staufern. Die altdeutsche Kaiserzeit (900—1250) von *J. Haller* †. 4., durchgesehene Auflage von *H. Dannenbauer.* 142 Seiten, 4 Karten. 1958. (*1065*)

Deutsche Geschichte im Zeitalter der Reformation, der Gegenreformation und des dreißigjährigen Krieges von *F. Hartung.* 129 Seiten. 1951. (*1105*)

Deutsche Geschichte von 1648—1740. Politischer und geistiger Wiederaufbau von *W. Treue.* 120 Seiten. 1956. (*35*)

Deutsche Geschichte von 1713—1806 von *W. Treue.* 168 Seiten. 1957. (*39*)

Deutsche Geschichte von 1807—1871 von *W. Treue.* In Vorbereitung. (*893*)

Deutsche Geschichte von 1871 bis zur Gegenwart von *W. Treue.* In Vorbereitung. (*894*)

Quellenkunde der Deutschen Geschichte im Mittelalter (bis zur Mitte des 15. Jahrhunderts) von *K. Jacob* †. 3 Bände.
- I: Einleitung. Allgemeiner Teil. Die Zeit der Karolinger. 6. Auflage. In Vorbereitung. (*279*)
- II: Die Kaiserzeit (911—1250). 4. Auflage. 127 Seiten. 1949. (*280*)
- III: Das Spätmittelalter (vom Interregnum bis 1500). Herausgegeben von *F. Weden.* 152 Seiten. 1952. (*284*)

Geschichte Englands von *H. Preller.* 2 Bände.
- I: bis 1815. 3., stark umgearbeitete Auflage. 135 Seiten, 7 Stammtafeln, 2 Karten. 1952. (*375*)
- II: Von 1815 bis 1910. 2., völlig umgearbeitete Auflage. 118 Seiten, 1 Stammtafel, 7 Karten. 1954. (*1088*)

Römische Geschichte von *F. Altheim.* 4 Bände. 2., verbesserte Auflage.
- I: Bis zur Schlacht bei Pydna (168 v. Chr.). 124 Seiten. 1956. (*19*)
- II: Bis zur Schlacht bei Actium (31 v. Chr.). 129 Seiten. 1956. (*677*)
- III: Bis zur Schlacht an der Milvischen Brücke (312 n. Chr.). 148 Seiten. 1958. (*679*)
- IV: Bis zur Schlacht am Yarmuk (636 n. Chr.). In Vorbereitung. (*684*)

Geschichte der Vereinigten Staaten von Amerika von *O. Graf zu Stolberg-Wernigerode.* 192 Seiten, 10 Karten. 1956. (*1051/1051a*)

Deutsche Sprache und Literatur

Geschichte der Deutschen Sprache von *H. Sperber.* 3. Auflage, besorgt von *W. Fleischhauer.* 128 Seiten. 1958. (*915*)

Deutsches Rechtschreibungswörterbuch von *M. Gottschald.* 2., verbesserte Auflage. 269 Seiten. 1953. (*200/200a*)

Deutsche Wortkunde. Eine kulturgeschichtliche Betrachtung des deutschen Wortschatzes von *A. Schirmer.* 3., durchgesehene Auflage. 109 Seiten. 1949. (*929*)

Deutsche Sprachlehre von *W. Hofstaetter.* 9., neubearbeitete Auflage von *G. Spree.* 144 Seiten. 1953. (*20*)

Stimmkunde für Beruf, Kunst und Heilzwecke von *H. Biehle.* 111 Seiten. 1955. (*60*)

Redetechnik. Einführung in die Rhetorik von *H. Biehle.* 115 Seiten. 1954. (*61*)

Sprechen und Sprachpflege (Die Kunst des Sprechens) von *H. Feist.* 2., verbesserte Auflage. 99 Seiten, 25 Abbildungen. 1952. (*1122*)

Deutsches Dichten und Denken von der germanischen bis zur staufischen Zeit von *H. Naumann.* (Deutsche Literatur vom 5.—13. Jahrhundert.) 2., verbesserte Auflage. 166 Seiten. 1952. (*1121*)

Deutsches Dichten und Denken vom Mittelalter zur Neuzeit von *G. Müller* (1270 bis 1700). 2., durchgesehene Auflage. 159 Seiten. 1949. (*1086*)

Deutsches Dichten und Denken von der Aufklärung bis zum Realismus (Deutsche Literaturgeschichte von 1700—1890) von *K. Viëtor* †. 3., durchgesehene Auflage. 159 Seiten. 1958. (*1096*)

Der Nibelunge Nôt in Auswahl mit kurzem Wörterbuch von *K. Langosch.* 10., durchgesehene Auflage. 164 Seiten. 1956. (*1*)

Kudrun- und Dietrich-Epen in Auswahl mit Wörterbuch von *O. L. Jiriczek.* 6. Auflage, bearbeitet von *R. Wisniewski.* 173 Seiten. 1957. (*10*)

Wolfram von Eschenbach. Parzival. Eine Auswahl mit Anmerkungen und Wörterbuch von *H. Jantzen.* 2. Auflage, bearbeitet von *H. Kolb.* 128 Seiten. 1957. (*921*)

Hartmann von Aue. Der arme Heinrich nebst einer Auswahl aus der „Klage", dem „Gregorius" und den Criedsu (mit einem Wörtervezeichnis) von *F. Maurer.* 101 Seiten. 1958. (*18*)

Gottfried von Strassburg von *F. Maurer.* 1958. In Vorbereitung. (*22*)

Die deutschen Personennamen von *M. Gottschald.* 2., verbesserte Auflage. 151 Seiten. 1955. (*422*)

Althochdeutsches Elementarbuch. Grammatik und Texte von *H. Naumann* † und *W. Betz.* 2., verbesserte und vermehrte Auflage. 156 Seiten. 1954. (*1111*)

Mittelhochdeutsche Grammatik von *H. de Boor* und *R. Wisniewski.* 141 Seiten. 1956. (*1108*)

Indogermanisch, Germanisch

Indogermanische Sprachwissenschaft von *H. Krahe.* 2 Bände. 3., neubearbeitete Aufl.
I: Einleitung und Lautlehre. 106 Seiten. 1958. (*59*)
II: Formenlehre. In Vorbereitung. (*64*)

Gotisches Elementarbuch. Grammatik, Texte mit Übersetzung und Erläuterungen mit einer Einleitung von *H. Hempel.* 2., umgearbeitete Aufl. 165 Seiten. 1953. (*79*)

Germanische Sprachwissenschaft von *H. Krahe.* 2 Bände. 3., neubearbeitete Auflage.
I: Einleitung und Lautlehre. 147 Seiten. 1956. (*238*)
II: Formenlehre. 149 Seiten. 1957. (*780*)

Altnordisches Elementarbuch. Schrift, Sprache, Texte mit Übersetzung und Wörterbuch von *F. Ranke.* 2., durchgesehene Auflage. 146 Seiten. 1949. (*1115*)

Englisch, Romanisch

Altenglisches Elementarbuch von *M. Lehnert.* Einführung, Grammatik, Texte mit Übersetzung und Wörterbuch. 3., verbesserte Auflage. 178 Seiten. 1955. (*1125*)

Historische neuenglische Laut- und Formenlehre von *E. Ekwall.* 3., durchgesehene Auflage. 150 Seiten. 1956. (*735*)

Englische Phonetik von *H. Mutschmann* †. 117 Seiten. 1956. (*601*)

Englische Literaturgeschichte. 4 Bände.
I: Die alt- und mittelenglische Periode von *F. Schubel.* 163 Seiten. 1954. (*1114*)
II: Von der Renaissance bis zur Aufklärung von *F. Schubel.* 160 Seiten. 1956. (*1116*)
III: Romantik und Viktorianismus von *P. Meißner* †. Durchgesehener Neudruck. 150 Seiten. 1944. (*1124*)
IV: Das 20. Jahrhundert von *P. Meißner* †. Durchgesehener Neudruck. 157 Seiten. 1944. (*1136*)

Beowulf von *M. Lehnert.* Eine Auswahl mit Einführung, teilweiser Übersetzung, Anmerkungen und etymologischem Wörterbuch. 2., verbesserte Auflage. 135 Seiten. 1949. (*1135*)

Shakespeare von *P. Meißner* †. 2. Auflage, neubearbeitet von *M. Lehnert.* 136 Seiten. 1954. (*1142*)

Italienische Literaturgeschichte von *K. Voßler* †. Unveränderter Nachdruck der 1927 erschienenen 4., durchgesehenen und verbesserten Auflage. 148 Seiten. 1948. (*125*)

Romanische Sprachwissenschaft von *H. Lausberg.* 2 Bände.
I: Einleitung und Vokalismus. 160 Seiten. 1956. (*128/128a*)
II: Konsonantismus. 95 Seiten. 1956. (*250*)

Griechisch, Lateinisch

Griechische Sprachwissenschaft von *W. Brandenstein.* 2 Bände.
I: Einleitung, Lautsystem, Etymologie. 160 Seiten. 1954. (*117*)
II: Wortbildung und Formenlehre. 192 Seiten. 1958. (*118/118a*)

Geschichte der griechischen Sprache. 2 Bände.
I: Bis zum Ausgang der klassischen Zeit von *O. Hoffmann* †. 3. Auflage bearbeitet von *A. Debrunner* †. 156 Seiten. 1953. (*111*)
II: Grundfragen und Grundzüge des nachklassischen Griechisch von *A. Debrunner* †. 144 Seiten. 1954. (*114*)

Geschichte der lateinischen Sprache von *F. Stolz* †. 3., stark umgearbeitete Auflage von *A. Debrunner* †. 136 Seiten. 1953. (*492*)

Hebräisch, Sanskrit, Russisch

Hebräische Grammatik von *G. Beer* †. 2 Bände. 2., völlig neubearbeitete Auflage von *R. Meyer.*
I: Schrift-, Laut- und Formenlehre I. 157 Seiten. 1952. (*763/763a*)
II: Formenlehre II. Syntax und Flexionstabellen. 195 Seiten. 1955. (*764/764a*)

Hebräisches Textbuch von *R. Meyer.* In Vorbereitung. (*769/769a*)

Sanskrit-Grammatik von *M. Mayrhofer.* 89 Seiten. 1953. (*1158*)

Russische Grammatik von *E. Berneker.* 6., unveränderte Auflage von *M. Vasmer.* 155 Seiten. 1947. (*66*)

Erd- und Länderkunde

Afrika von *F. Jaeger.* Ein geographischer Überblick. 2 Bände. 2., umgearbeitete Auflage.
I: Der Lebensraum. 179 Seiten, 18 Abbildungen. 1954. (*910*)
II: Mensch und Kultur. 155 Seiten, 6 Abbildungen. 1954. (*911*)

Australien und Ozeanien von *H. J. Krug.* 176 Seiten, 46 Skizzen. 1953. (*319*)

Kartenkunde von *M. Eckert-Greifendorff* †, durchgesehen von *W. Kleffner.* 4. Auflage. 1958. In Vorbereitung. (*30*)

Volkswirtschaft, Publizistik

Allgemeine Betriebswirtschaftslehre von *K. Mellerowicz.* 3 Bände.
I: 10., durchgesehene und ergänzte Auflage. 224 Seiten. 1958. (*1008a*)
II: 10., durchgesehene und ergänzte Auflage. 1958. In Vorbereitung. (*1153*)
III: 9., unveränderte Auflage. 143 Seiten. 1956. (*1154*)

Allgemeine Volkswirtschaftslehre von *A. Paulsen.* 4 Bände.
I: Grundlegung, Wirtschaftskreislauf. 2., durchgesehene und ergänzte Auflage. 141 Seiten. 1958. (*1169*)
II: Haushalte, Unternehmungen, Marktformen. 2., durchgesehene und ergänzte Auflage. 164 Seiten, 32 Abbildungen. 1958. (*1170*)
III: Produktionsfaktoren, Geldwesen. In Vorbereitung. (*1171*)
IV: Konjunktur, Außenhandel, staatliche Aktivität. In Vorbereitung. (*1172*)

Finanzwissenschaft von *H. Kolms.* 4 Bände.
I: Grundlegung. Öffentliche Ausgaben. 1958. In Vorbereitung. (*148*)
II: Erwerbseinkünfte, Gebühren und Beiträge; Allgemeine Steuerlehre. 1958. In Vorbereitung. (*391*)
III: Besondere Steuerlegung. In Vorbereitung. (*776*)
IV: Öffentlicher Kredit. Haushaltswesen. Finanzausgleich. In Vorbereitung. (*782*)

Zeitungslehre von *E. Dovifat.* 2 Bände. 3., neubearbeitete Auflage.
I: Theoretische und rechtliche Grundlagen — Nachricht und Meinung — Sprache und Form. 148 Seiten. 1955. (*1039*)
II: Redaktion — Die Sparten: Verlag und Vertrieb, Wirtschaft und Technik, Sicherung der öffentlichen Aufgabe. 158 Seiten. 1955. (*1040*)

Naturwissenschaften

Mathematik

Geschichte der Mathematik von J. E. Hofmann. 3 Bände.
I: Von den Anfängen bis zum Auftreten von Fermat und Descartes. 200 Seiten. 1953. (*226*)
II: Von Fermat und Descartes bis zur Erfindung des Calculus und bis zum Ausbau der neuen Methoden. 109 Seiten. 1957. (*875*)
III: Von den Auseinandersetzungen um den Calculus bis zur französischen Revolution. 107 Seiten. 1957. (*882*)

Mathematische Formelsammlung von *F. Ringleb.* Vollständig umgearbeitete Neuausgabe des Werkes von *O. Th. Bürklen.* 6., erweiterte Auflage. 278 Seiten, 37 Fig. 1956. (*51/51a*)

Fünfstellige Logarithmen von *A. Adler.* Mit mehreren graphischen Rechentafeln und häufig vorkommenden Zahlwerten. 2. Auflage. Neudruck. 127 Seiten, 1 Tafel. 1949. (*423*)

Arithmetik von *P. B. Fischer* †. 3. Auflage von *H. Rohrbach.* 152 Seiten, 19 Abbildungen. 1958. (*47*)

Höhere Algebra von *H. Hasse.* 2 Bände. 4., durchgesehene Auflage.
I: Lineare Gleichungen. 152 Seiten. 1957. *(931)*
II: Gleichungen höheren Grades. 158 Seiten, 5 Figuren. 1958. *(932)*

Aufgabensammlung zur höheren Algebra von *H. Hasse* und *W. Klobe.* 2., verbesserte und vermehrte Auflage. 181 Seiten. 1952. *(1082)*

Elementare und klassische Algebra vom modernen Standpunkt von *W. Krull* 2 Bände. 2., erweiterte Auflage.
I: 136 Seiten. 1952. *(930)*
II: 1958. In Vorbereitung. *(933)*

Einführung in die Zahlentheorie von *A. Scholz* †. Überarbeitet und herausgegeben von *B. Schoeneberg.* 2. Auflage. 128 Seiten. 1955. *(1131)*

Formale Logik von *P. Lorenzen.* 165 Seiten. 1958. *(1176/1176a)*

Elemente der Funktionentheorie von *K. Knopp* †. 4. Auflage. 144 Seiten, 23 Figuren. 1955. *(1109)*

Funktionentheorie von *K. Knopp* †. 2 Bände.
I: Grundlagen der allgemeinen Theorie der analytischen Funktionen. 9., neubearbeitete Auflage. 144 Seiten, 8 Figuren. 1957. *(668)*
II: Anwendungen und Weiterführung der allgemeinen Theorie. 8./9. Auflage. 130 Seiten, 7 Figuren. 1955. *(703)*

Aufgabensammlung zur Funktionentheorie von *K. Knopp* †. 2 Bände.
I: Aufgaben zur elementaren Funktionentheorie. 5. Auflage. 135 Seiten. 1957. *(877)*
II: Aufgaben zur höheren Funktionentheorie. 4. Auflage. 144 Seiten. 1949. *(878)*

Gewöhnliche Differentialgleichungen von *G. Hoheisel.* 5., durchgesehene Auflage. 129 Seiten. 1956. *(920)*

Partielle Differentialgleichungen von *G. Hoheisel.* 3., neubearbeitete Auflage. 130 Seiten. 1953. *(1003)*

Aufgabensammlung zu den gewöhnlichen und partiellen Differentialgleichungen von *G. Hoheisel.* 3., durchgesehene und verbesserte Auflage. 124 Seiten. 1958. *(1059)*

Integralgleichungen von *G. Hoheisel.* 2., durchgesehene Auflage. 1958. In Vorbereitg. *(1099)*

Mengenlehre von *E. Kamke.* 3., neubearbeitete Auflage. 194 Seiten, 6 Figuren. 1955. *(999/999a)*

Gruppentheorie von *L. Baumgartner.* 3., neubearbeitete Auflage. 110 Seiten, 3 Tafeln. 1958. *(837)*

Ebene und sphärische Trigonometrie von *G. Hessenberg.* 5. Auflage, durchgesehen von *H. Kneser.* 172 Seiten, 60 Figuren. 1957. *(99)*

Darstellende Geometrie von *W. Haack.* 3 Bände.
I: Die wichtigsten Darstellungsmethoden. Grund- und Aufriß ebenflächiger Körper. 2., durchgesehene und ergänzte Auflage. 113 Seiten, 120 Abbildungen. 1958. *(142)*
II: Körper mit krummen Begrenzungsflächen. Kotierte Projektionen. 129 Seiten, 86 Abbildungen. 1954. *(143)*
III: Axonometrie und Perspektive. 127 Seiten, 100 Abbildungen. 1957. *(144)*

Analytische Geometrie von *K. P. Grotemeyer.* 202 Seiten, 73 Abbildungen. 1958. *(65/65a)*

Sammlung von Aufgaben und Beispielen zur analytischen Geometrie der Ebene mit den vollständigen Lösungen von *R. Haussner* †. 139 Seiten, 22 Figuren. Neudruck. 1949. (*256*)

Nichteuklidische Geometrie. Hyperbolische Geometrie der Ebene von *R. Baldus* †. Durchgesehen und herausgegeben von *F. Löbell.* 3., verbesserte Auflage. 140 Seiten, 70 Figuren. 1953. (*970*)

Differentialgeometrie von *K. Strubecker* (früher *Rothe*). 3 Bände.
- I: Kurventheorie der Ebene und des Raumes. 150 Seiten, 18 Figuren. 1955. (*1113/1113a*)
- II: Theorie der Flächenmetrik. 195 Seiten, 14 Figuren. 1958. (*1179/1179a*)
- III: Theorie der Flächenkrümmung. 254 Seiten, 38 Figuren. 1958. (*1180/1180a*)

Einführung in die konforme Abbildung von *L. Bieberbach.* 5., erweiterte Auflage. 180 Seiten, 42 Figuren. 1956. (*768/768a*)

Vektoren und Matrizen von *S. Valentiner.* 8., erweiterte Auflage der „Vektoranalysis". Mit Anhang: Aufgaben zur Vektorrechnung von *H. König.* 202 Seiten, 35 Figuren. 1958. (*354/354a*)

Vermessungskunde von *P. Werkmeister.* 3 Bände.
- I: Stückvermessung und Nivellieren. 10., völlig neubearbeitete Auflage von *W. Großmann.* 143 Seiten, 117 Figuren. 1958. (*468*)
- II: Messung von Horizontalwinkeln. Festlegung von Punkten im Koordinatensystem. Absteckungen. 7. Auflage. 151 Seiten, 93 Figuren. 1949. (*469*)
- III: Trigonometrische und barometrische Höhenmessung. Tachymetrie und Topographie. 6. Auflage. 147 Seiten, 64 Figuren. 1949. (*862*)

Versicherungsmathematik von *F. Böhm.* 2 Bände.
- I: Elemente der Versicherungsrechnung. 3., vermehrte und verbesserte Auflage. Durchgesehener Neudruck. 151 Seiten. 1953. (*180*)
- II: Lebensversicherungsmathematik. Einführung in die technischen Grundlagen der Sozialversicherung. 2., verbesserte und vermehrte Auflage. 205 Seiten. 1953. (*917/917a*)

Finanzmathematik von *M. Nicolas.* 1958. In Vorbereitung. (*1183*)

Physik

Einführung in die theoretische Physik von *W. Döring.* 5 Bände.
- I: Mechanik. 119 Seiten, 29 Abbildungen. 1954. (*76*)
- II: Das elektromagnetische Feld. 122 Seiten, 15 Abbildungen. 1955. (*77*)
- III: Optik. 117 Seiten, 32 Abbildungen. 1956. (*78*)
- IV: Thermodynamik. 107 Seiten, 9 Abbildungen. 1956. (*374*)
- V: Statistische Mechanik. 114 Seiten, 12 Abbildungen. 1957. (*1017*)

Atomphysik von *K. Bechert* und *Ch. Gerthsen* †. 7 Bände.
- I: Allgemeine Grundlagen. 1. Teil. 4. Auflage. In Vorbereitung. (*1009*)
- II: Allgemeine Grundlagen. 2. Teil. 3., umgearbeitete Auflage. 112 Seiten, 48 Abbildungen. 1955. (*1033*)
- III: Theorie des Atombaus. 1. Teil. 3., umgearbeitete Auflage. 148 Seiten, 16 Abbildungen. 1954. (*1123/1123a*)
- IV: Theorie des Atombaus. 2. Teil. 3., umgearbeitete Auflage. 170 Seiten, 14 Abbildungen. 1954. (*1165/1165a*)

Differentialgleichungen der Physik von *F. Sauter.* 3., durchgesehene und ergänzte Auflage. 148 Seiten, 16 Figuren. 1958. (*1070*)

Physikalische Formelsammlung von *G. Mahler* †. Neubearbeitet von *K. Mahler.* 9., durchgesehene Auflage. 153 Seiten, 69 Figuren. 1955. (*136*)

Physikalische Aufgabensammlung von *G. Mahler* †. Neubearbeitet von *K. Mahler.* Mit den Ergebnissen. 9., durchgesehene Auflage. 127 Seiten. 1957. (*243*)

Chemie

Geschichte der Chemie in kurzgefaßter Darstellung von *G. Lockemann.* 2 Bände.
I: Vom Altertum bis zur Entdeckung des Sauerstoffs. 142 Seiten, 8 Bildnisse. 1950. (*264*)
II: Von der Entdeckung des Sauerstoffs bis zur Gegenwart. 151 Seiten, 16 Bildnisse. 1955. (*265/265a*)

Anorganische Chemie von *W. Klemm.* 10., überarbeitete und ergänzte Auflage. 185 Seiten, 18 Abbildungen. 1958. (*37*)

Organische Chemie von *W. Schlenk.* 7., erweiterte Auflage. 269 Seiten, 16 Abbildungen. 1957. (*38/38a*)

Physikalische Methoden der Organischen Chemie von *G. Kresze.* 1958. In Vorbereitung. (*44*)

Allgemeine und physikalische Chemie von *W. Schulze.* 2 Bände. 4., neubearb. Aufl.
I: 139 Seiten, 10 Figuren. 1955. (*71*)
II: 176 Seiten, 37 Figuren. 1956. (*698/698a*)

Molekülbau. Theoretische Grundlagen und Methoden der Strukturermittlung von *W. Schulze.* 123 Seiten, 43 Figuren. 1958. (*786*)

Physikalisch-chemische Rechenaufgaben von *E. Asmus.* 3., verbesserte Auflage. 96 Seiten. 1958. (*445*)

Analytische Chemie von *J. Hoppe.* 2 Bände. 5., verbesserte Auflage.
I: Reaktionen. 135 Seiten. 1950. (*247*)
II: Gang der qualitativen Analyse. 166 Seiten. 1950. (*248*)

Maßanalyse. Theorie und Praxis der klassischen und der elektrochemischen Titrierverfahren von *G. Jander* und *K. F. Jahr.* 7., ergänzte Auflage. 303 Seiten, 50 Figuren. 1956. (*221/221a*)

Thermochemie von *W. A. Roth.* 2., verbesserte Auflage. 109 Seiten, 16 Figuren. 1952. (*1057*)

Stöchiometrische Aufgabensammlung von *W. Bahrdt* † und *R. Scheer.* Mit den Ergebnissen. 6., durchgesehene Auflage. 118 Seiten. 1957. (*452*)

Elektrochemie und ihre physikalisch-chemischen Grundlagen von *A. Daßler.* 2 Bände.
I: 149 Seiten, 21 Abbildungen. 1950. (*252*)
II: 178 Seiten, 17 Abbildungen. 1950. (*253*)

Technologie

Warenkunde von *K. Hassak* † und *E. Beutel* †. 2 Bände.
I: Anorganische Waren sowie Kohle und Erdöl. 8. Auflage. Neubearbeitet von *A. Kutzelnigg*. 119 Seiten, 18 Figuren. 1958. (*222*)
II: Organische Waren. 7. Auflage. Neubearbeitet von *A. Kutzelnigg*. 143 Seiten, 32 Figuren. 1949. (*223*)

Die Fette und Öle von *K. Braun* †. 5., völlig neubearbeitete und verbesserte Auflage von *Th. Klug*. 145 Seiten. 1950. (*335*)

Die Seifenfabrikation von *K. Braun* †. 3., neubearbeitete und verbesserte Auflage von *Th. Klug*. 116 Seiten, 18 Abbildungen. 1953. (*336*)

Textilindustrie von *A. Blümcke*.
I: Spinnerei und Zwirnerei. 111 Seiten, 43 Abbildungen. 1954. (*184*)

Biologie

Einführung in die allgemeine Biologie und ihre philosophischen Grund- und Grenzfragen von *M. Hartmann*. 132 Seiten, 2 Abbildungen. 1956. (*96*)

Hormone von *G. Koller*. 2., neubearbeitete und erweiterte Auflage. 187 Seiten, 60 Abbildungen, 19 Tabellen. 1949. (*1141*)

Fortpflanzung im Tier- und Pflanzenreich von *J. Hämmerling*. 2., ergänzte Auflage. 135 Seiten, 101 Abbildungen. 1951. (*1138*)

Geschlecht und Geschlechtsbestimmung im Tier- und Pflanzenreich von *M. Hartmann*. 2., verbesserte Auflage. 116 Seiten, 61 Abbildungen, 7 Tabellen. 1951. (*1127*)

Symbiose der Tiere mit pflanzlichen Mikroorganismen von *P. Buchner*. 2., verbesserte und vermehrte Auflage. 130 Seiten, 121 Abbildungen. 1949. (*1128*)

Botanik

Entwicklungsgeschichte des Pflanzenreiches von *H. Heil*. 2. Auflage. 138 Seiten, 94 Abbildungen, 1 Tabelle. 1950. (*1137*)

Morphologie der Pflanzen von *L. Geitler*. 3., umgearbeitete Auflage. 126 Seiten, 114 Abbildungen. 1953. (*141*)

Pflanzengeographie von *L. Diels* †. 5., völlig neubearbeitete Auflage von *F. Mattick*. 195 Seiten, 2 Karten. 1958. (*389/389a*)

Die Laubhölzer. Kurzgefaßte Beschreibung der in Mitteleuropa gedeihenden Laubbäume und Sträucher von *F. W. Neger* † und *E. Münch* †. 3., durchgesehene Auflage, herausgegeben von *B. Huber*. 143 Seiten, 63 Figuren, 7 Tabellen. 1950. (*718*)

Die Nadelhölzer (Koniferen) und übrigen Gymnospermen von *F. W. Neger* † und *E. Münch* †. 4. Auflage, durchgesehen und ergänzt von *B. Huber*. 140 Seiten, 75 Figuren, 4 Tabellen, 3 Karten. 1952. (*355*)

Pflanzenzüchtung von *H. Kuckuck*. 2 Bände.
I: Grundzüge der Pflanzenzüchtung. 3., völlig umgearbeitete und erweiterte Auflage. 132 Seiten, 22 Abbildungen. 1952. (*1134*)
II: Spezielle gartenbauliche Pflanzenzüchtung (Züchtung von Gemüse, Obst und Blumen). 178 Seiten, 27 Abbildungen. 1957. (*1178/1178a*)

Zoologie

Entwicklungsphysiologie der Tiere von *F. Seidel.* 2 Bände.
- I: Ei und Furchung. 126 Seiten, 29 Abbildungen. 1953. *(1162)*
- II: Körpergrundgestalt und Organbildung. 159 Seiten, 42 Abbildungen. 1953. *(1163)*

Das Tierreich
- I: Einzeller, Protozoen von *E. Reichenow.* 115 Seiten, 59 Abbildungen. 1956. *(444)*
- II: Schwämme und Hohltiere von *H. J. Hannemann.* 95 Seiten, 80 Abbildungen. 1956. *(442)*
- III: Würmer. Platt-, Hohl-, Schnurwürmer, Kamptozoen, Ringelwürmer, Protracheaten, Bärtierchen, Zungenwürmer von *S. Jaeckel.* 114 Seiten, 36 Abbildungen. 1955. *(439)*
- IV,1: Krebse von *H. E. Gruner* und *K. Deckert.* 114 Seiten, 43 Abbildungen. 1956. *(443)*
- IV,2: Spinnentiere (Trilobitomorphen, Fühlerlose) und Tausendfüßler von *A. Kaestner.* 96 Seiten, 55 Abbildungen. 1955. *(1161)*
- IV,3: Insekten von *H. von Lengerken.* 128 Seiten, 58 Abbildungen. 1953. *(594)*
- V: Weichtiere. Urmollusken, Schnecken, Muscheln und Kopffüßer von *S. Jaeckel.* 92 Seiten, 34 Abbildungen. 1954. *(440)*
- VI: Stachelhäuter. Tentakulaten, Binnenatmer und Pfeilwürmer von *S. Jaeckel.* 100 Seiten, 46 Abbildungen. 1955. *(441)*
- VII,2: Fische von *D. Lüdemann.* 130 Seiten, 65 Abbildungen. 1955. *(356)*
- VII,3: Lurche (Chordatiere) von *K. Herter.* 143 Seiten, 129 Abbildungen. 1955. *(847)*
- VII,4: Kriechtiere (Chordatiere) von *K. Herter.* In Vorbereitung. *(447)*
- VII,5: Vögel (Chordatiere) von *G. Diesselhorst.* In Vorbereitung. *(869)*
- VII,6: Säugetiere (Chordatiere) von *Th. Haltenorth.* In Vorbereitung. *(282)*

Vergleichende Physiologie der Tiere von *K. Herter.* 2 Bände.
- I: Stoff- und Energiewechsel. 4. Auflage. In Vorbereitung. *(972)*
- II: Bewegung und Reizerscheinungen. 3. Auflage. 148 Seiten, 110 Abbildgn. 1950. *(973)*

Land- und Forstwirtschaft

Landwirtschaftliche Tierzucht. Die Züchtung und Haltung der landwirtschaftlichen Nutztiere von *H. Vogel.* 139 Seiten, 11 Abbildungen. 1952. *(228)*

Kulturtechnische Bodenverbesserungen von *O. Fauser.* 2 Bände. 4., neubearbeitete Auflage.
- I: Allgemeines, Entwässerung. 122 Seiten, 47 Abbildungen. 1947. *(691)*
- II: Bewässerung, Ödlandkultur, Umlegung. 150 Seiten, 67 Abbildungen. 1948. *(692)*

Agrikulturchemie von *K. Scharrer.* 2 Bände.
- I: Pflanzenernährung. 143 Seiten. 1953. *(329)*
- II: Futtermittelkunde. 192 Seiten. 1956. *(330/330a)*

Geologie, Mineralogie, Kristallographie

Geologie von *F. Lotze*. 176 Seiten, 80 Abbildungen. 1955. (*13*)

Mineral- und Erzlagerstättenkunde von *H. Huttenlocher* †. 2 Bände.
I: 128 Seiten, 34 Abbildungen. 1954. (*1014*)
II: 156 Seiten, 48 Abbildungen. 1954. (*1015/1015a*)

Allgemeine Mineralogie. 10., erweiterte Auflage der „Mineralogie" von *R. Brauns* †, bearbeitet von *K. F. Chudoba*. 120 Seiten, 120 Figuren, 1 Tafel, 3 Tabellen. 1958. (*29*)

Spezielle Mineralogie. 9., erweiterte Auflage der „Mineralogie" von *R. Brauns* †, bearbeitet von *K. F. Chudoba*. 133 Seiten, 105 Figuren. 1955. (*31*)

Petrographie (Gesteinskunde) von *W. Bruhns* †. Neubearbeitet von *P. Ramdohr*. 4., durchgesehene Auflage. 104 Seiten, 10 Figuren. 1955. (*173*)

Kristallographie von *W. Bruhns* †. 5. Auflage, neubearbeitet von *P. Ramdohr*. 109 Seiten, 164 Abbildungen. 1958. (*210*)

Einführung in die Kristalloptik von *E. Buchwald*. 4., verbesserte Auflage. 138 Seiten, 121 Figuren. 1952. (*619*)

Lötrohrprobierkunde. Mineraldiagnose mit Lötrohr- und Tüpfelreaktion. Von *M. Henglein*. 3., verbesserte Auflage. 91 Seiten, 11 Figuren. 1949. (*483*)

Technik

Graphische Darstellung in Wissenschaft und Technik von *M. Pirani*. 3., erweiterte Auflage bearbeitet von *J. Fischer* unter Benutzung der von *I. Runge* besorgten 2. Auflage. 216 Seiten, 104 Abbildungen. 1957. (*728/728a*)

Elektrotechnik

Grundlagen der allgemeinen Elektrotechnik von *O. Mohr*. 3 Bände.
I: Die drei Feldformen. 96 Seiten, 41 Abbildungen, 6 Tafeln. 1956. (*196*)
II: Die wichtigsten elektrischen und physikalischen Grunderscheinungen. 95 Seiten, 36 Abbildungen, 7 Tafeln. 1956. (*197*)
III: Schaltvorgänge, Widerstandsformen, Meßtechnik. 91 Seiten, 59 Abbildungen, 1 Tafel. 1956. (*198*)

Die Gleichstrommaschine von *K. Humburg*. 2 Bände. 2., durchgesehene Auflage.
I: 102 Seiten, 59 Abbildungen. 1956. (*257*)
II: 101 Seiten, 38 Abbildungen. 1956. (*881*)

Die synchrone Maschine von *K. Humburg*. Neudruck. 109 Seiten, 78 Abbildungen. 1951. (*1146*)

Induktionsmaschinen von *F. Unger*. 2., erweiterte Auflage. 142 Seiten, 49 Abbildungen. 1954. (*1140*)

Die komplexe Berechnung von Wechselstromschaltungen von *H. H. Meinke*. 2. Auflage. 180 Seiten, 120 Abbildungen. 1957. (*1156/1156a*)

Theoretische Grundlagen zur Berechnung der Schaltgeräte von *F. Kesselring*. 3. Auflage. 144 Seiten, 92 Abbildungen. 1950. (*711*)

Einführung in die Technik selbsttätiger Regelungen von *W. zur Megede*. 176 Seiten, 86 Abbildungen. 1956. (*714/714a*)

Elektromotorische Antriebe (Grundlagen für die Berechnung) von *A. Schwaiger*. 3., neubearbeitete Auflage. 96 Seiten, 34 Abbildungen. 1952. (*827*)

Technische Tabellen und Formeln von *W. Müller*. 4., verbesserte und erweiterte Auflage von *E. Schulze*. 152 Seiten, 105 Figuren. 1951. (*579*)

Überspannungen und Überspannungsschutz von *G. Frühauf*. Durchgesehener Neudruck. 122 Seiten, 98 Abbildungen. 1950. (*1132*)

Maschinenbau

Metallkunde von *H. Borchers*. 2 Bände. 3. Auflage.
- I: Aufbau der Metalle und Legierungen. 120 Seiten, 90 Abbildungen, 2 Tabellen. 1956. (*432*)
- II: Eigenschaften, Grundzüge der Form- und Zustandsgebung. 1958. In Vorbereitung. (*433*)

Die Werkstoffe des Maschinenbaues von *A. Thum* † und *C. M. v. Meysenbug*. 2 Bände.
- I: Einführung in die Werkstoffprüfung 2., neubearbeitete Auflage. 100 Seiten, 7 Tabellen, 56 Abbildungen. 1956. (*476*)
- II: Die Konstruktionswerkstoffe von *C. M. von Meysenbug*. Mit 40 Abbildungen. 1958. In Vorbereitung. (*936*)

Dynamik von *W. Müller*. 2 Bände. 2., verbesserte Auflage.
- I: Dynamik des Einzelkörpers. 128 Seiten, 48 Figuren. 1952. (*902*)
- II: Systeme von starren Körpern. 102 Seiten, 41 Figuren. 1952. (*903*)

Technische Schwingungslehre von *L. Zipperer*. 2 Bände. 2., neubearbeitete Auflage.
- I: Allgemeine Schwingungsgleichungen, einfache Schwinger. 120 Seiten, 101 Abbildungen. 1953. (*953*)
- II: Torsionsschwingungen in Maschinenanlagen. 102 Seiten, 59 Abbildungen. 1955. (*961/961a*)

Werkzeugmaschinen für Metallbearbeitung von *K. P. Matthes*. 2 Bände.
- I: 100 Seiten, 27 Abbildungen, 11 Zahlentafeln, 1 Tafelanhang. 1954. (*561*)
- II: Fertigungstechnische Grundlagen der neuzeitlichen Metallbearbeitung. 101 Seiten, 30 Abbildungen, 5 Tafeln. 1955. (*562*)

Transformatoren von *W. Schäfer*. 3., überarbeitete und ergänzte Auflage. 130 Seiten, 73 Abbildungen. 1957. (*952*)

Das Maschinenzeichnen mit Einführung in das Konstruieren von *W. Tochtermann*. 2 Bände. 4. Auflage.
- I: Das Maschinenzeichnen. 156 Seiten, 75 Tafeln. 1950. (*589*)
- II: Ausgeführte Konstruktionsbeispiele. 130 Seiten, 58 Tafeln. 1950. (*590*)

Die Maschinenelemente von *E. A. vom Ende*. 3., verbesserte Auflage. 166 Seiten, 175 Figuren, 9 Tafeln. 1956. (*3/3a*)

Die Maschinen der Eisenhüttenwerke von *L. Engel*. 156 Seiten, 95 Abbildungen. 1957. (*583/583a*)

Walzwerke von *H. Sedlaczek* unter Mitarbeit von *F. Fischer* und *M. Buch*. 232 Seiten, 157 Abbildungen. 1958. (*580/580a*)

Getriebelehre von *P. Grodzinski* †. 2 Bände. 2., neubearbeitete Auflage.
I: Geometrische Grundlagen. 159 Seiten, 142 Figuren. 1953. (*1061*)

Gießereitechnik von *H. Jungbluth*. 2 Bände.
I: Eisengießerei. 126 Seiten, 44 Abbildungen. 1951. (*1159*)

Die Dampfkessel und Feuerungen einschließlich Hilfseinrichtungen in Theorie, Konstruktion und Berechnung von *W. Marcard* †. 2 Bände. 2. Auflage, neubearbeitet von *K. Beck*.
I: Die theoretischen Grundlagen, Wärme, Verbrennung, Wärmeübertragung. 150 Seiten, 42 Abbildungen, 16 Tabellen. 1951. (*9*)
II: Dampfkessel. 147 Seiten, 43 Abbildungen. 1952. (*521*)

Die Dampfturbinen. Ihre Wirkungsweise, Berechnung und Konstruktion von *C. Zietemann*. 3 Bände. 3., verbesserte Auflage.
I: Theorie der Dampfturbinen. 139 Seiten, 48 Abbildungen. 1955. (*274*)
II: Die Berechnung der Dampfturbinen und die Konstruktion der Einzelteile. 132 Seiten, 111 Abbildungen. 1956. (*715*)
III: Die Regelung der Dampfturbinen, die Bauarten, Turbinen für Sonderzwecke, Kondensationsanlagen. 126 Seiten, 90 Abbildungen. 1956. (*716*)

Verbrennungsmotoren von *W. Endres*. 3 Bände.
I: Überblick. Motor-Brennstoffe. Verbrennung im Motor allgemein, im Otto- und Diesel-Motor. 153 Seiten, 57 Abbildungen. 1958. (*1076/1076a*)
II: Die heutigen Typen der Verbrennungskraftmaschinen. In Vorbereitung. (*1184*)
III: Die Einzelteile des Verbrennungsmotors. In Vorbereitung. (*1185*)

Technische Thermodynamik von *W. Nußelt* †. 2 Bände.
I: Grundlagen. 4., verbesserte Auflage. 144 Seiten, 71 Abbildungen. 1956. (*1084*)
II: Theorie der Wärmekraftmaschinen. Neudruck. 144 Seiten, 87 Abbildungen, 32 Zahlentafeln. 1951. (*1151*)

Autogenes Schweißen und Schneiden von *H. Niese*. 5. Auflage, neubearbeitet von *A. Küchler*. 136 Seiten, 71 Figuren. 1953. (*499*)

Die elektrischen Schweißverfahren von *H. Niese*. 2. Auflage, neubearbeitet von *H. Dienst*. 136 Seiten, 58 Abbildungen. 1955. (*1020*)

Die Hebezeuge. Entwurf von Winden und Kranen von *G. Tafel*. 2., verbesserte Auflage 176 Seiten, 230 Figuren. 1954. (*414/414a*)

Wasserbau

Wasserkraftanlagen von *A. Ludin* unter Mitarbeit von *W. Borkenstein*. 2 Bände.
I: Planung, Grundlagen und Grundzüge. 124 Seiten, 60 Abbildungen. 1955. (*665*)
II: Anordnung und Ausbildung der Hauptbauwerke. 184 Seiten, 91 Abbildungen. 1958. (*666/666a*)

Verkehrswasserbau von *H. Dehnert*. 3 Bände.
I: Entwurfsgrundlagen, Flußregelungen. 103 Seiten, 52 Abbildungen. 1950. (*585*)
II: Flußkanalisierung und Schiffahrtskanäle. 94 Seiten, 60 Abbildungen. 1950. (*597*)
III: Schleusen und Hebewerke. 98 Seiten, 70 Abbildungen. 1950. (*1152*)

Wehr- und Stauanlagen von *H. Dehnert*. 134 Seiten, 90 Abbildungen. 1952. (*965*)

Talsperren von *F. Tölke*. 122 Seiten, 70 Abbildungen. 1953. (*1044*)

Hoch- und Tiefbau

Die wichtigsten Baustoffe des Hoch- und Tiefbaus von *O. Graf* †. 4., verbesserte Auflage. 131 Seiten, 63 Abbildungen. 1953. (*984*)

Baustoffverarbeitung und Baustellenprüfung des Betons von *A. Kleinlogel*. 2., neubearbeitete und erweiterte Auflage. 126 Seiten, 35 Abbildungen. 1951. (*978*)

Festigkeitslehre. 2 Bände.

I: Elastizität, Plastizität und Festigkeit der Baustoffe und Bauteile von *W. Gebler* † und *W. Herberg*. Durchgesehener und erweiterter Neudruck. 159 Seiten, 118 Abbildungen. 1952. (*1144*)

II: Formänderung, Platten, Stabilität und Bruchhypothesen von *W. Herberg* und *N. Dimitrov*. 187 Seiten, 94 Abbildungen. 1955. (*1145/1145a*)

Grundlagen des Stahlbetonbaus von *A. Troche*. 2., neubearbeitete und erweiterte Auflage. 208 Seiten, 75 Abbildungen, 17 Bemessungstafeln, 20 Rechenbeispiele. 1953. (*1078*)

Statik der Baukonstruktionen von *A. Teichmann*. 3 Bände.

I: Grundlagen. 101 Seiten, 51 Abbildungen, 8 Formeltafeln. 1956. (*119*)

II: Statisch bestimmte Stabwerke. 107 Seiten, 52 Abbildungen, 7 Tafeln. 1957. (*120*)

III: Statisch unbestimmte Systeme. 112 Seiten, 34 Abbildungen, 7 Formeltafeln. 1958. (*122*)

Fenster, Türen, Tore aus Holz und Metall. Eine Anleitung zu ihrer guten Gestaltung, wirtschaftlichen Bemessung und handwerksgerechten Konstruktion von *W. Wickop* †. 4., überarbeitete und ergänzte Auflage. 155 Seiten, 95 Abbildungen. 1955. (*1092*)

Heizung und Lüftung von *J. Körting* † und *W. Körting*. 2 Bände.

I: Das Wesen und die Berechnung der Heizungs- und Lüftungsanlagen. 9., durchgesehene Auflage. 1958. In Vorbereitung. (*342*)

II: Die Ausführung der Heizungs- und Lüftungsanlagen. 9. Auflage. 1958. In Vorbereitung. (*343*)

Industrielle Kraft- und Wärmewirtschaft von *F. A. F. Schmidt* und *A. Beckers*. 167 Seiten, 73 Abbildungen. 1957. (*318/318a*)

Sammlung Göschen / Bandnummernfolge

BANDNUMMERNFOLGE

1000 Jaspers, Geistige Situation der Zeit
1003 Hoheisel, Partielle Differentialgleichungen
1008/1008a Mellerowicz, Allgemeine Betriebswirtschaftslehre I
1009 Bechert-Gerthsen, Atomphysik I
1014 Huttenlocher, Mineral- und Erzlagerstättenkunde I
1015/1015a Huttenlocher, Mineral- und Erzlagerstättenkunde II
1017 Döring, Einführung in die theoret. Physik V
1020 Niese-Dienst, Elektrische Schweißverfahren
1031/1031a Apel-Ludz, Philosophisches Wörterbuch
1033 Bechert-Gerthsen, Atomphysik II
1034 Kranefeldt-Jung, Therapeutische Psychologie
1035 Altheim, Römische Religionsgeschichte I
1039 Dovifat, Zeitungslehre I
1040 Dovifat, Zeitungslehre II
1044 Tölke, Talsperren
1045 Schubert, Technik des Klavierspiels
1051/1051a Stolberg-Wernigerode, Gesch. der Verein. Staaten von Amerika
1052 Altheim, Römische Religionsgeschichte II
1057 Roth, Thermochemie
1059 Hoheisel, Aufgabensammlung zu den gewöhnlichen und partiellen Differentialgleichungen
1061 Grodzinski, Getriebelehre I
1065 Haller-Dannenbauer, Von den Karolingern zu den Staufern
1070 Sauter, Differentialgleichungen der Physik
1076/1076a Endres, Verbrennungsmotoren I
1078 Troche, Stahlbetonbau
1082 Hasse-Klobe, Aufgabensammlung zur höheren Algebra
1084 Nußelt, Technische Thermodynamik I
1085 Lietzmann-Aland, Zeitrechnung
1086 Müller, Dt. Dichten und Denken
1088 Preller, Geschichte Englands II
1092 Wickop, Fenster, Türen, Tore
1094 Hernried, System. Modulation
1096 Viëtor, Dt. Dichten und Denken
1099 Hoheisel, Integralgleichungen
1105 Hartung, Dt. Geschichte im Zeitalter der Reformation
1108 de Boor-Wisniewski, Mittelhochdeutsche Grammatik
1109 Knopp, Elemente der Funktionentheorie
1111 Naumann-Betz, Althochdeutsches Elementarbuch
1113/1113a Strubecker, Differentialgeometrie I
1114 Schubel, Englische Literaturgeschichte I
1115 Ranke, Altnord. Elementarbuch
1116 Schubel, Englische Literaturgeschichte II
1117 Haller-Dannenbauer, Eintritt der Germanen in die Geschichte
1121 Naumann, Dt. Dichten und Denken
1122 Feist, Sprechen und Sprachpflege
1123/1123a Bechert-Gerthsen, Atomphysik III
1124 Meissner, Englische Literaturgeschichte III
1125 Lehnert, Altengl. Elementarbuch
1127 Hartmann, Geschlecht und Geschlechtsbestimmung im Tier- und Pflanzenreich
1128 Buchner, Symbiose der Tiere mit pflanzl. Mikroorganismen
1130 Dibelius, Jesus
1131 Scholz-Schoeneberg, Einführung in die Zahlentheorie
1132 Frühauf, Überspannungen und Überspannungsschutz
1134 Kuckuck, Pflanzenzüchtung I
1135 Lehnert, Beowulf
1136 Meissner, Englische Literaturgeschichte IV
1137 Heil, Entwicklungsgeschichte des Pflanzenreiches
1138 Hämmerling, Fortpflanzung im Tier- und Pflanzenreich
1140 Unger, Induktionsmaschinen
1141 Koller, Hormone
1142 Meissner-Lehnert, Shakespeare
1144 Gehler-Herberg, Festigkeitslehre I
1145/1145a Herberg-Dimitrov, Festigkeitslehre II
1146 Humburg, Synchrone Maschine
1147 v. Waltershausen, Kunst des Dirigierens

1148 Pepping, Der polyphone Satz I
1151 Nußelt, Technische Thermodynamik II
1152 Dehnert, Verkehrswasserbau III
1153 Mellerowicz, Allgemeine Betriebswirtschaftslehre II
1154 Mellerowicz, Allgemeine Betriebswirtschaftslehre III
1156/1156a Meinke, Komplexe Berechn. von Wechselstromschaltungen
1158 Mayrhofer, Sanskrit-Grammatik
1159 Jungbluth, Gießereitechnik I
1160 Dibelius-Kümmel, Paulus
1161 Kaestner, Spinnentiere
1162 Seidel, Entwicklungsphysiologie der Tiere I
1163 Seidel, Entwicklungsphysiologie der Tiere II
1164/1164a Pepping, Der polyphone Satz II
1165/1165a Bechert-Gerthsen, Atomphysik IV
1169 Paulsen, Allgemeine Volkswirtschaftslehre I
1170 Paulsen, Allgemeine Volkswirtschaftslehre II
1171 Paulsen, Allgemeine Volkswirtschaftslehre III
1172 Paulsen, Allgemeine Volkswirtschaftslehre IV
1175 Specht, Empirische Sozialforschung
1176/1176a Lorenzen, Formale Logik
1178/1178a Kuckuck, Pflanzenzüchtung II
1179/1179a Strubecker, Differentialgeometrie II
1180/1180a Strubecker, Differentialgeometrie III
1183 Nicolas, Finanzmathematik
1184 Endres, Verbrennungsmotoren II
1185 Endres, Verbrennungsmotoren III

Autorenregister

AUTORENREGISTER

Printed in Germany
200 000 133/58

Wenn einer, der mit Mühe kaum
Gekrochen ist auf einen Baum,

Schon meint, daß
er ein Vogel wär,

So irrt sich der.

Wilhelm Busch

EIN SCHACHBUCH HILFT WEITER!

„Der bekannte Stil Brinckmanns, der es versteht, die als trocken verrufene Materie der Schachtheorie in jedem seiner Aufsätze und Werke dem Leser ‚mundgerecht‘ zu machen, zeichnet dieses Buch besonders aus.“

Fränkische Nachrichten

M. EUWE, *Schach von A—Z*

Vollständige Anleitung zum Schachspiel. Mit 262 Diagrammen. Deutsche Bearbeitung und Übersetzung: Kurt Richter. Oktav. 194 Seiten. 1958. Kartoniert DM 9,80

„Wenn wir an den bisher vorliegenden Schachlehrbüchern den Mangel an Vollständigkeit oder die zu trockene Sammlung von Varianten als für den Anfänger nicht geeignet fanden, so kann von diesem neuen Werke mit Recht gesagt werden, was sein Untertitel besagt: Vollständige Anleitung zum Schachspiel.“ Reutlinger General-Anzeiger

Ideen und Kombinationen

für Fortgeschrittene

Der große Ideengehalt des Schachspiels verlangt gebieterisch nach eingehender Gestaltung. Da tritt wieder Dr. Euwe mit zwei wertvollen Büchern auf den Plan: in » Positions- und Kombinationsspiel « erläutert er die höhere Strategie der Bauernführung, und in » Urteil und Plan « gibt er dem Lernenden meisterliche Winke zur Stellungsbeurteilung und Planbildung an die Hand. Wieder von anderer Art ist Eduard Laskers Standardwerk » Moderne Schachstrategie «, an dem schon unsere Väter ihre höhere Schachauffassung heranbildeten. 6 Auflagen (davon die letzte modernisiert) sprechen für sich. Optisch Schach zu lehren, bemüht sich K. Richter in seinen Büchern » Der Schachpraktiker, Schachmatt und Kombinationen «. Anhand einprägsamer Beispiele wird die Theorie aus der Praxis heraus entwickelt und in dem Lernenden das Schachgefühl geweckt. Er lernt Kombinationen sehen und verstehen.

Berlin W 35

derung seiner Schachlaufbahn vom Wunderkind zum Großmeister. Auch er ist ein hervorragender Interpret eigener Partien. Seine allgemeinen Betrachtungen sind ebenfalls sehr lehrreich. A. Brinckmann würdigt den vor einigen Jahren verstorbenen »Großmeister Bogoljubow«, der zwar im Wettkampf mit Aljechin unterlag, aber zu den größten Meistern der Neuzeit zählt. Dem Gedenken Klaus Junges, dem hoffnungsvollsten deutschen Nachwuchstalent der Kriegszeit, mit nur kurzer, aber umso glänzenderer Laufbahn ist Budrich Schultes sehr empfehlenswertes Büchlein »Das war Klaus Junge« gewidmet. Carl Carls, der Schöpfer der Bremer Partie, hat viele schöne Partien gespielt, die in dem von K. Richter bearbeiteten Buch lebendig werden. Gleichzeitig vermittelt der Rückblick auf Carls' Schachlaufbahn interessante historische Eindrücke.

A. ALJECHIN (Alekhine), *Auf dem Wege zur Weltmeisterschaft* (1923—1927)

2. Auflage. Oktav. Mit 100 Partien und 173 Diagrammen. VIII, 226 Seiten. 1955. Kartoniert DM 9,80

„Auf dem Wege zur Weltmeisterschaft ist in besonderem Maße bezeichnend für das Schaffen Aljechins überhaupt. Das Buch liest sich beinahe romanhaft."

Schweizerische Schachzeitung

S. RESHEVSKY, *Meine Schachkarriere*

Mit 80 ausgewählten Partien. Oktav. 210 Seiten. 1957. Kartoniert DM 12,80

„... sehr aufschlußreich in vieler Beziehung für den Schachleser sind die Schilderungen über die einzelnen Turniere und Begegnungen mit den Großen wie Aljechin, Capablanca, Lasker und Botwinnik. Am wertvollsten jedoch sind die Erläuterungen der 80 Partien.“ Der Nußknacker

A. BRINCKMANN, *Großmeister Bogoljubow*

Oktav. Mit zahlreichen Abbildungen und Stellungsbildern. 107 Seiten. 1953. Kartoniert DM 5,50

„Eine Sammlung der besten Partien des allseitig beliebten und geschätzten Großmeisters, in der vorzüglichen und zum Teil humorvollen Glossierungskunst Alfred Brinckmanns.“ Deutsche Nachrichten, Sao Paulo

BUDRICH / SCHULTE, *Das war Klaus Junge*

Partien und Aufzeichnungen. Gewidmet den jugendlichen Schachspielern in aller Welt. Oktav. 97 Seiten. 1956. Kartoniert DM 8,80

„Ein Erinnerungsbuch zum Gedächtnis des begabtesten deutschen Jungmeisters, der am 27. April 1945 mit 21 Jahren . . . fiel. In wenigen Jahren stieg er zur Weltklasse auf. Das Buch eignet sich vor allem für unsere Jugend zu Geschenkzwecken.“ Schachecho

K. RICHTER, *Carl Carls und die ‚Bremer Partie‘*

60 Jahre Schacherinnerungen. Mit einer Vorrede von Alfred Brinckmann. Herausgegeben von Kurt Richter. Oktav. 113 Seiten und 2 Abbildungen. 1957. Kartoniert DM 7,80

„Das empfehlenswerte Buch . . . weiß dem Menschen und Schachmeister Carls ein seinen Leistungen und Verdiensten entsprechendes Denkmal zu setzen.“

Aachener Volkszeitung

Walter de Gruyter & Co.

Preisgekrönte Schachpartien

Poesie und Prosa

In der Mitte zwischen Belehrung und Unterhaltung stehen Partiesammlungen nach verschiedenen Gesichtspunkten. Tiefschürfend sind des jetzigen Exweltmeisters Botwinniks Erläuterungen zu seinen Partien aus dem 1. Wettkampf mit Smyslow 1954, ein Genuß für Kenner. Dr. Tartakower, einer der amüsantesten Plauderer und geistreichsten Köpfe im Reiche Caissas, zeigt eine Anzahl seiner schönsten Partien mit originellen und witzigen Zwischentexten. Mit ungarischem Temperament führt uns der Budapester Experte W. Á. Földeák in die Zauberwelt der Glanzpartien mit ihren schönen Kombinationen — eine prächtige Unterhaltung. Ein gewisses Gegenstück dazu bringt A. Brinckmann in einer Sammlung prägnanter Kurzpartien, hier entlädt sich die Dramatik des Schachkampfes sozusagen mit explosiver Kraft. Ganz anders geartet ist das Buch über das größte Fernturnier der Nachkriegszeit: das »Dr. Dyckhoff-Fernschach-Gedenkturnier«. Fernschachpartien großer Meister sind naturgemäß meist tiefer angelegt als Partien am Brett und ermöglichen deshalb Kombinationen, die man sonst kaum antreffen würde. Ähnliches gilt hier für die subtile Behandlung der Aufbauprobleme. Ein bedeutsames Werk.

M. M. BOTWINNIK, *Der Schachwettkampf Botwinnik—Smyslow* um die Weltmeisterschaft im Jahre 1954 in Moskau.

Deutsche Übersetzung von Dr. H. Lehmann. Oktav. 100 Seiten. 1957. Kartoniert DM 6,80

Die Arbeit Botwinniks, die hier als erste in deutscher Sprache vorgelegt wird — die vierundzwanzig ausführlich kommentierten Partien des Wettkampfes um die Weltmeisterschaft gegen Smyslow im Jahre 1954 — ist zugleich seine neueste.

J. KREJCIK, *Mein Abschied vom Schach*

Sterbliches und Unsterbliches aus der Mappe eines Wiener Altmeisters. Oktav. Mit 44 Partien, 40 Schlußspielen, 30 Endspielstudien, 17 Problemen, 27 Selbstmattaufgaben und 131 Stellungsbildern. 106 Seiten. 1955. Kartoniert DM 5,20

„Ein Erinnerungsbuch eines schon fast ehrwürdigen Zeugen einer glanzvollen Schachepoche und ein würdiger Abschied eines der letzten Romantiker aus Caissas buntem Reich."
Schachecho

K. RICHTER, *Kurzgeschichten um Schachfiguren*

Ein Bilderbuch des Schachspiels, zugleich ein Unterhaltungsbuch für alle Schachfreunde. Nach neuen Ideen zusammengestellt und bearbeitet. 2., verbesserte Auflage. Oktav. Mit mehr als 700 Diagrammen und nicht ganz so vielen Versen. 308 Seiten. 1955. Kartoniert DM 12,80

„Amüsantes und Belehrendes, Schwächen und Nachdenkliches sind zu einem bunten Cocktail der 64 Felder gemixt, den keiner mehr lassen kann, hat er erst einmal davon genippt."
Sonntagspost

W. WEIGAND, *Das königliche Spiel*

Eine kulturgeschichtliche Studie. Oktav. Mit 16 Abbildungen. Etwa 80 Seiten. 1958. Etwa DM 6,—

Im Banne des Schachproblems

Fundgrube für Aufgabenfreunde

Die eben geschilderten Bücher enthalten zahlreiche schöne Schachaufgaben, sind jedoch keine ausgesprochenen ‚Problembücher'. Diese haben die weltbekannten Komponisten Kraemer/Zepler in ihren hervorragenden Problemsammlungen geschaffen, die eine Fundgrube für jeden Problem-

freund bilden. Die Auswahl und Darstellung entspricht dem hohen Ruf der Verfasser. Methodischen Lehrwert hat Dr. Speckmanns Werk »Strategie im Schachproblem« anhand von 242 Diagrammen, den so beliebten Kleinaufgaben.

KRAEMER / ZEPLER, *Im Banne des Schachproblems*

Oktav. Mit zahlreichen Diagrammen. 158 Seiten. 1951. Kartoniert DM 6,80

„Die beiden Problem-Großmeister A. Kraemer und E. Zepler haben als prominenteste Vertreter der deutschen Problemkunst eine große Zahl auserwählter Schachaufgaben und Studien in diesem wertvollen Buch zusammengestellt.“ Kasseler Post

KRAEMER / ZEPLER, *Problemkunst im 20. Jahrhundert*

Ausgewählte Schachaufgaben. Oktav. 125 Seiten. 1957. Kartoniert DM 8,60

„Von ursprünglich 4000 Schachaufgaben jeder Problemrichtung haben die beiden berühmten Problemkomponisten etwa den zehnten Teil ausgesucht; . . . eine unerschöpfliche Fülle reifster Kunstwerke, eine wahre Fundgrube für jeden Problemfreund.“ Schachecho

W. SPECKMANN, *Strategie im Schachproblem*

erläutert an 242 Miniaturen. Oktav. Mit 310 Diagrammen. Etwa 128 Seiten. 1958. Kartoniert etwa DM 8,40

Regeln und Systeme

für Vereinsfunktionäre unentbehrlich ist Brinckmann / Rellstab's »Turnier-Taschenbuch«, das alle wichtigen Regeln, Spielsysteme und Vorschriften des Weltschachbundes allgemeinverständlich aufführt und erläutert.

Berlin W 35

Bestellzettel

Hiermit bestelle ich aus dem Verlag Walter de Gruyter & Co., Berlin W 35, durch die Buchhandlung:

.... Expl.	Aljechin, Weltmeisterschaft		DM 9,80
.... Expl.	Botwinnik, Schachwettkampf 1954 Botwinnik-Smyslow		DM 6,80
.... Expl.	Brinckmann, Lehrbuch	Etwa	DM 9,80
.... Expl.	—, Matt in 20 Zügen		DM 6,80
.... Expl.	—, Bogoljubow		DM 5,50
.... Expl.	— u. Rellstab, Turnier-Taschenbuch		DM 4,80
.... Expl.	— u. Richter, Kampf der Nationen	Etwa	DM 16,80
.... Expl.	Budrich-Schulte, Klaus Junge		DM 8,80
.... Expl.	Dyckhoff-Fernschach-Turnier		DM 12,80
.... Expl.	Euwe, Positions- und Kombinationsspiel		DM 5,80
.... Expl.	Euwe, Urteil und Plan		DM 8,40
.... Expl.	Euwe, Schach von A—Z		DM 9,80
.... Expl.	Fabel, Rund um das Schachbrett		DM 8,60
.... Expl.	Földeák, Schachpartien		DM 6,80
.... Expl.	Kraemer-Zepler, Schachprobleme		DM 6,80
.... Expl.	Kraemer-Zepler, Problemkunst		DM 8,60
.... Expl.	Krejcik, Abschied vom Schach		DM 5,20

.... Expl.	Lasker, Schachstrategie		DM	9,80
.... Expl.	Reshevsky, Schachkarriere		DM	12,80
.... Expl.	Richter, Erstes Schachbuch		DM	4,80
.... Expl.	Richter, Schachpraktiker		DM	3,80
.... Expl.	Richter, Schachmatt		DM	5,20
.... Expl.	Richter, Kombinationen	Ganzleinen	DM	8,50
.... Expl.	Richter, Carl Carls		DM	7,80
.... Expl.	Richter, Kurzgeschichten		DM	12,80
.... Expl.	Richter-Teschner, Schacheröffnungen		DM	9,80
.... Expl.	Snosko-Borowsky, Eröffnungsfallen		DM	6,80
.... Expl.	Speckmann, Strategie	Etwa	DM	8,40
.... Expl.	Tartakowers Glanzpartien		DM	12,—
.... Expl.	Weigand, Königl. Spiel	Etwa	DM	6,—
.... Expl.	Deutsche Schachzeitung			
	jährlich, zur Fortsetzung		DM	12,—
	Für Mitglieder von Schachvereinen		DM	10,80
	Einzelhefte		DM	1,30

Datum Name Anschrift

147/58

Kolibri 360 GmbH
Ferdinand-Jühlke-Straße 7
99095 Erfurt, Deutschland
produktsicherheit@kolibri360.de